Deuxième Édition, revue et corrigée

MONSIEUR

LE COMTE DE CHAMBORD

ET LA FRANCE

A WIESBADEN

Par M. H. DE VILLEMESSANT

SUIVI DE

LETTRES SUR WIESBADEN

Par MM. Poujoulat, E. Guinot, Vesin, etc.

ET DU

PETIT VOCABULAIRE DE LA FIDÉLITÉ

(LISTE DES VISITEURS)

———◦◦———

PARIS

E. DENTU, LIBRAIRE, PALAIS-ROYAL

1850

M. le comte de Chambord et la France

A WIESBADEN

Imp. Lith. Jacomme & Cie rue de Lancry, 12, à Paris.

Henri

MONSIEUR

LE COMTE DE CHAMBORD

ET LA FRANCE

A WIESBADEN

Par M. H. DE VILLEMESSANT

SUIVI DE

LETTRES SUR WIESBADEN

Par MM. Poujoulat, E. Guinot, Vésin, etc.

ET DU

PETIT VOCABULAIRE DE LA FIDÉLITÉ

(LISTE DES VISITEURS)

———&———

PARIS

E. DENTU, LIBRAIRE, PALAIS-ROYAL

—

1850

INTRODUCTION

En publiant en volume la relation de notre
voyage à Wiesbaden qui a paru déjà dans la
Chronique de Paris, nous sommes loin de céder à une question d'amour-propre. Un édi-
teur intelligent, M. Dentu, est venu nous demander de compléter notre travail sur le pélérinage de la France, en Allemagne : nous
nous sommes empressé de le faire dans l'intérêt seul de la cause à laquelle nous avons
l'honneur d'appartenir. Nous avons si peu

songé d'ailleurs à une puérile satisfaction de
de vanité littéraire, que les pages qu'on va
lire n'ont subi aucune modification de style,
aucune correction calculée, aucun développe-
ment de détails, en passant de la *Revue*
dans le *livre*. Leur grand mérite à nos yeux,
c'est d'avoir été écrites tantôt dans une chambre d'hôtellerie, tantôt sur un bateau à vapeur, c'est-à-dire plus près de la personne et
du souvenir de Henri de Bourbon. Nous avons
craint, par dessus tout, que des retouches à
froid n'enlevassent à notre récit cet accent du
cœur qui est toujours le cri de la vérité.

Mais dans un livre qui se propose de transformer en mouvement national le pélérinage
à Wiesbaden, nous n'avons pas pensé que des
impressions personnelles si vives, si convain-
cues qu'elles soient fussent suffisantes. Ce
titre de royaliste dont nous sommes fiers, est
un motif de suspicion et de défiance pour les
adversaires systématiques de M. le comte de
Chambord : or, nous n'entendons pas seulement prêcher des convertis ; et, suivant
nous, tout homme qui prend la plume doit
songer, non pas à carresser les illusions de ses

amis, mais à ébranler les convictions de ses contradicteurs.

Dans la seconde partie de ce petit livre, nous avons donc laissé la parole à des hommes dont les opinions antérieures n'étaient pas les nôtres. Eh bien ! sans se connaître et sans se consulter, il est arrivé que ces hommes ont fait de M. le comte de Chambord une appréciation si juste et si impartiale, que nous n'avons à en retrancher ni une pensée, ni une syllabe !

Nous terminons notre travail sur Wiesbaden, de même que dans la *Chronique*, en publiant sous ce titre : *Petit Vocabulaire de la Fidélité*, les noms des personnes qui se trouvaient en même temps que nous à Wiesbaden.

On comprend qu'il se soit glissé des erreurs dans notre travail, puisque nous avons relevé les noms sur les *signatures* des visiteurs, en consultant, sur l'autorisation du prince, les listes que M. de Barande avait bien voulu nous communiquer. Toutes les rectifications qui nous sont parvenues jusqu'à ce jour ont trouvé place dans la deuxième édition de ce livre que nous publions aujourd'hui.

Là, ne se borneront point les changements que nous avons dessein d'y introduire. Dans les éditions suivantes de *la France à Wiesbaden*, nous accueillerons les nouveaux renseignements que voudront bien nous faire parvenir, aux bureaux de la *Chronique*, 13, faubourg Montmartre, les personnes qui figurent ou qui désireraient figurer dans ce *Moniteur de la Fidélité*.

H. DE VILLEMESSANT.

La France à Viesbaden

A MONSIEUR DE BESSELIÈVRE

Mon cher ami,

C'est à vous que je veux adresser cette
lettre, toute chaude encore des émotions
d'un pieux pélérinage. Vous qui, durant
quinze jours, avez été à Froshdorff l'hôte
de notre Henri ; qui, lui parlant et l'é-
coutant chaque jour, avez pu lire dans l'es-

prit et dans le cœur de ce glorieux déshé-
rité, vous comprendrez mieux que personne
les ravissements de mon voyage d'outre-
Rhin. Assez souvent vous m'avez fait l'éloge
de M. le comte de Chambord; assez souvent, suspendu à vos lèvres, j'ai recueilli les
récits merveilleux qui se rapportaient à l'enfant de l'exil : permettez-moi donc, à mon
tour, de vous parler de lui, et d'acquitter aujourd'hui une dette de plaisir contractée en
vous écoutant.

J'ai quitté Paris le 15 août. Le lendemain, je franchissais à toute vapeur la Bel-
gique aux sites accidentés; Liége, la ville aux
almanachs; Aix-la-Chapelle, où dort le grand
empereur; Cologne, le joyau précieux de l'é-
crin germanique. Nous étions une trentaine
de Français environ que le chemin de fer de
Prusse venait de jeter pêle-mêle dans cette
dernière ville. A ce moment, mes compagnons
et moi nous fûmes témoins d'un spectacle si
auguste et si touchant, que je ne l'oublierai
de ma vie! Arrivés sur la grande place nous
nous trouvâmes sur le passage d'une proces-
sion à laquelle assistait une foule immense.

C'était une véritable solennité du moyen-âge, avec ses banderolles flottantes et ses bannières aux couleurs variées ; monseigneur l'archevêque portait le Saint-Sacrement. Vous savez quelle est la réputation d'incrédulité et d'irréligion des Français à l'étranger ; tous les regards se tournent de notre côté ; on veut savoir comment vont se comporter, en cet instant solennel, les descendants de Voltaire ; mais, au moment de la bénédiction, tous, obéissant à une impulsion unique, nous mettons un genou sur le pavé. Le saint archevêque s'arrête, dirige l'ostensoir de notre côté et nous bénit avec une intention qui n'échappe à personne. Quand nous nous relevâmes, nous pûmes lire l'étonnement et la joie dans tous les yeux ; quelques applaudissements même se firent entendre. Pauvre France ! nos frères du Rhin savent si bien qu'elle a perdu la foi de ses pères, que si, par hasard, ils voient quelques-uns de ses enfants courber le front devant Dieu, ils se réjouissent de ce fait si simple, comme s'il s'agissait pour la religion d'une conquête nouvelle !

Au moment où j'entrais dans le grand hôtel

royal de Cologne, j'y rencontrai M. le général de Saint-Priest, qui revenait de Wiesbaden. Comme plusieurs journaux avaient prétendu que le duc de Nassau s'était effrayé du luxe princier de Henri de Bourbon, et de la signification politique du pélerinage entrepris par les Français de toute condition auprès de sa personne, je pris la liberté d'aborder M. de Saint-Priest pour lui demander s'il était vrai que M. le comte de Chambord dût quitter Wiesbaden ?

— Cela est si peu vrai, me répondit le général, que le prince est décidé à y rester jusqu'à la fin du mois.

— M. le duc de Nassau, ajouta-t-il, est allé rendre visite à monseigneur à son arrivée et a mis, avec une gracieuseté charmante, le palais ducal à sa disposition ; mais monseigneur a refusé. Quant au luxe de notre Henri, il se compose d'un personnel de quatre domestiques, et la voiture royale du prince est tout bonnement une de ces calèches de louage qu'un touriste peut se procurer moyennant un florin par heure.

Vous voyez par ce récit, mon cher Besselièvre, ce qu'il faut croire des amplifications ridicules des journaux rouges de Paris !

M. de Saint-Priest me dit encore ces quelques paroles, auxquelles je ne retranche rien ; en passant par la bouche d'un homme sérieux, éclairé et considérable, elles acquièrent en quelque sorte la valeur d'un jugement historique.

— Je n'avais pas vu MONSEIGNEUR depuis deux ans, me dit le général. Pendant ces deux années, *il a doublé de valeur.* Que les destinées que Dieu lui prépare s'accomplissent, *et Henri sera l'un des plus grands rois que comptera la France* !

En quittant Cologne, je remontai le Rhin, ce roi des fleuves dont les bords sont semés à profusion de merveilles archéologiques ! Après tout ce que voyageurs, poètes, romanciers nous ont appris du Rhin; du panorama mouvant, grandiose, accidenté, sur lequel il déroule ses eaux majestueuses; des châteaux historiques suspendus comme des nids d'aigle dans les nuages, — vous n'attendez pas de moi, mon cher Besselièvre, une description incomplète, ajoutée à d'autres descriptions insuffisantes : qu'il vous suffise de savoir qu'il m'a semblé que mes yeux s'ouvraient pour la première fois au plaisir d'admirer. A la vue de tant de magnificence, en face de ces entassements granitiques reposant tantôt sur des rocs penchés, accrochés d'autre fois aux flancs des montagnes perpendiculaires, il m'a semblé assister á un combat cyclopéen entre l'art et la nature, et je ne savais, par instants, ce qu'il fallait admirer le plus, de l'œuvre de Dieu ou des travaux des enfants des hommes ! C'est un poème de quarante-cinq lieues qui commence aux *Burgs* de Cologne et qui finit au Johanisberg, le coteau doré appartenant à M. le prince de Metternich.

Mais nous touchons bientôt au but si désiré du voyage. Nous voici à Biberich, petite ville élégante, située sur la rive droite du Rhin. Là, un cocher d'omnibus, qui nous entasse au fond et sur l'impériale de sa voiture, nous dit que, dans un quart d'heure nous mettrons pied à terre à Wiesbaden. Le véhicule roule sur une chaussée macadamisée et s'enfonce dans un pays fertile qui me rappelait les plaines de la Normandie. Déjà nous distinguions au loin le clocher de Wiesbaden, lorsque nous voyons s'avancer de notre côté une modeste calèche traînée par deux alezans. Au fond de la voiture était assis un beau jeune homme que notre cœur a reconnu avant notre regard : « C'est le prince ! » s'écrie l'un de mes compagnons. Aussitôt les fronts se découvrent, les chapeaux s'agitent, et une exclamation retentissante de : Vive le Roi ! s'échappe de toutes les poitrines.

Je n'avais pas encore eu l'honneur de voir M. le comte de Chambord ; mais j'avais déjà reconnu la majesté royale, et, en quelque lieu où je me fusse rencontré avec elle, je l'eusse saluée sans hésitation.

Un quart d'heure après mon arrivée à Wiesbaden, je me rendis en toute hâte à l'hôtel Düringer où loge le prince ; je me fis inscrire, et j'allais me retirer, espérant, le lendemain, avoir l'honneur d'être reçu par M. le comte de Chambord, lorsque je fus rappelé et immédiatement introduit auprès de lui.

— Vous êtes M. de Villemessant ? me dit le prince avec un accent de bonté qui me pénétra : nous avons gardé bonne mémoire

du rédacteur de la *Chronique* et du coura-
geux journaliste du *Lampion*. Soyez le bien-
venu !

Je m'inclinai, et, après avoir prononcé quelques mots de remerciement, je me mêlai à la
foule des visiteurs. M. le comte de Chambord
parcourait les salons en adressant une parole
affectueuse à chacun. Pour moi, je ne pou-
vais me lasser de le contempler, de le suivre,
de l'étudier. J'admirais la présence d'esprit,
l'à-propos de ses paroles, le laisser-aller digne et gracieux de ses manières, et, surtout,
sa prodigieuse mémoire. Un de mes amis,
écoutant comme moi le prince parler des ressources et des besoins de nos départements,
me disait : « Il connaît mieux la France que
nous tous qui ne l'avons jamais quittée. »

M. le comte de Chambord est toujours vêtu
de noir. Rien, dans le costume, ne le distin-
gue du commun des hommes ; et cependant,
perdu dans un salon, confondu dans la foule,
on irait vers lui comme la plante tourne au
soleil. Il est de ceux pour qui l'indifférence
n'est pas permise, et nul ne contemplera
impunément cette tête patricienne entre les

fronts patriciens, ce noble profil qui tient de la médaille.

Cela est cruel à dire aux fidèles qui conservent, religieusement accroché aux murs de leur salon ou placé en évidence sur un socle, le portrait ou le buste de Henri de Bourbon ; mais, buste ou portrait, aucune copie n'a pu donner jusqu'ici une idée satisfaisante de l'original. Tandis que les artistes s'attachent à reproduire la régularité admirable des traits : — l'animation, la physionomie, les airs du visage, l'*idéal* même, tout leur échappe. Leur travail reste insuffisant sous le rapport du beau *nature* comme de la ressemblance exacte.

Le portrait de M. le comte de Chambord, je le ferai en ces quelques mots : *Il a le regard d'un roi et le sourire d'un ami* !

Le lendemain de mon arrivée était un dimanche ; M. le comte de Chambord devait entendre la messe à l'église de Wiesbaden ; je m'y rendis dès sept heures et demie du matin ; les abords de l'église étaient peuplés de Français. Spectacle admirable et plein d'enseignements ! nous étions là cinq ou six cents touristes, venus de tous les coins de la France,

réunis devant une modeste chapelle d'une petite ville d'Allemagne, et cependant l'illusion
était si complète, que chacun se serait cru
chez soi. Tout était français : les visages, l'esprit, les manières, la langue. Si ce n'était pas
la patrie, c'en était du moins le mirage. Que
dis-je? Avec nos vœux ardents, nos espérances communes, notre foi sincère, nous n'a-
vions pas laissé la patrie derrière nous, et,
plus heureux que nos compatriotes déshérités,
nous avions conquis notre roi!

M. le comte de Chambord descendit de voiture, suivi de M. le duc de Lévis. Nous
nous empressâmes de former une double haie
respectueuse, au milieu de laquelle le prince
passa pour se rendre à l'église. A l'issue de la
messe, nous fîmes à notre Henri le même cor-
tége jusqu'à sa voiture, profondément émus,
mais silencieux comme la première fois.

La place réservée à l'église à M. le comte
de Chambord ne se distinguait des autres que
par un coussin de velours rouge sur lequel le
prince s'agenouilla. Un banc était resté vide
derrière lui; je m'y plaçai. La sainteté du
lieu, l'aspect imposant de cette réunion, tout

donnait à la scène que j'avais devant les yeux
un caractère élevé et pénétrant ; mon cœur en
était à la fois brisé et charmé ! Un souvenir
pareil ne s'effacera jamais de ma mémoire ; il
sera l'un des plus solennels, des plus doux et
des plus tristes de ma vie ! Je verrai toujours
cette petite église toute remplie de la majesté
divine et de la majesté du malheur, ce jeune
prince si grand et si à plaindre, et ces cinq
ou six cents français fidèles, intercédant Dieu
avec ferveur pour le retour du descendant de
soixante rois !

Permettez-moi, mon cher ami, de ne pas
m'attacher dans mon récit à l'ordre chrono-
logique, et de butiner mes impressions un peu
au hasard ; je n'ai l'esprit ni assez tranquille,
ni le cœur assez froid pour être un historio-
graphe bien méthodique. Je serais fort em-
barrassé peut-être pour vous parler de Wiesbaden avec l'autorité d'un touriste ; mais je
suis assuré d'avoir étudié M. le comte de
Chambord sous un jour vrai et d'exprimer ici
sur son compte des idées impartiales.

Pendant mon séjour, le prince se rendit au
théâtre, où l'on chantait les *Huguenots* en

allemand. Le duc de Nassau lui avait fait offrir la loge royale ; mais il la refusa. Il assista au spectacle dans une loge d'avant-scène, accompagné de M. le marquis de Pastoret, de M. Berryer, de M. le duc de Fitz-James et de M. de la Ferronnays. Les Français, présents à cette représentation, ne voulant point, par quelque manifestation bruyante, donner aux journaux anarchiques un prétexte à criaillerie, se contentèrent de se lever lorsque M. le comte de Chambord parut dans sa loge. Les Allemands en firent autant, et cette ovation spontanée, pour être silencieuse, n'en fut pas moins touchante.

Lorsque le prince sortit du théâtre, il y avait une affluence de curieux stationnant à la porte pour le regarder monter en voiture, et, parmi ceux-ci, un de ces démocrates polyglotes que toutes les nations repoussent du pied. Cet homme, affectant de se tenir sur le passage du prince, le chapeau sur la tête et la pipe à la bouche, M. le duc de Fitz-James, justement indigné, fit voler son chapeau à terre et lui jeta sa carte. Le démocrate disparut au milieu des huées, oubliant, *par pru-*

dence, de ramasser la carte et le chapeau.

Le lendemain des *Huguenots*, qui avait été une solennité toute allemande, nous assistâmes à une fête toute française,—un concert où se firent entendre le pianiste Codine et un violoniste dont le nom m'échappe.

M. Codine exécuta des variations charmantes sur le thème populaire de *Vive Henri IV !* variations que l'artiste se vit obligé de bisser à la demande enthousiaste de son auditoire. Le Béarnais et son maître de chapelle Du Caurroy ont dû en tressaillir dans leur tombe. Quant à nous, c'est les yeux remplis de larmes que nous écoutâmes ce chant, consacré moins encore au chef de la maison de Bourbon qu'à la patrie reconquise par le DROIT sur l'usurpation de la Ligue !

M. le comte de Chambord assistait au concert. Il avait à sa droite MM. Berryer et Bouhier de l'Ecluse, et à sa gauche M. le duc de Noailles et M. Poujoulat.

Des dames françaises, remarquables par leur beauté, leurs grâces, leur distinction et le bon goût de leur toilette, se trouvaient en grand nombre à ee festival de la fidélité. J'y ai compté mesdemoiselles de Villèle, françaises qui ont ce cachet de beauté particulier au sang romain ; madame la marquise de Selves, dont les traits du visage ont la pureté du marbre grec et la mélancolie du type chrétien ; madame de Noailles, une des dernières grandes dames de ce temps-ci ; madame de Rozan ; madame la vicomtesse Walsh, etc.

La salle était illuminée *a giorno*. On peut dire en quelque sorte que du sang français coulait dans ses artères, au mouvement, à l'animation, à la joie *de famille* que j'y remarquai durant tout le concert. Ce cri de : VIVE LE ROI ! qui était sur toutes les lèvres, il fallait, à notre grand regret, le refouler dans nos cœurs : à la prière de M. le comte de Chambord, M. le comte de Rougé était venu nous rappeler au calme germanique.

Je vous ai donné, mon ami, les détails de l'accueil si flatteur et si cordial que me fit le prince à mon arrivée : le lendemain soir, j'assistais à la réception ; dès qu'il m'aperçut, M. le comte de Chambord vint droit à moi :

— Je ne vous ai pas vu à la présentation de ce matin, me dit-il.

— Monseigneur, je désire mieux que d'assister aux présentations : je sollicite de vous une audience particulière.

— J'y compte bien, répliqua le prince. M. de Lévis, fit-il en se tournant vers le fidèle gentilhomme, veuillez prendre l'adresse de M. de Villemessant.

Le jour suivant, j'obtenais une audience.

— Monseigneur, fis-je aussitôt que j'eus l'honneur d'être introduit auprès de lui, j'ai fait deux cents lieues non seulement pour voir et pour étudier de près l'héritier de la maison de Bourbon, mais surtout et avant tout pour dire la vérité au prince sur la situation et sur les hommes. Je ne suis ni un courtisan, ni un homme de parti, et je ne reçois le mot d'ordre de personne. Il est possible que les paroles que je vais faire entendre blessent des convenances de cour que j'ignore ; mais elles seront selon la vérité, et, — j'en réponds d'avance, — selon le cœur d'un Bourbon. Si je vous retenais trop longtemps, monseigneur, montrez-moi la pendule, et je saurai que l'heure de la retraite a sonné pour moi.

Au lieu des cinq ou six minutes d'entretien que le prince accorde d'ordinaire à ses visiteurs, mon audience se prolongea pendant près d'une heure. M. le comte de Chambord m'écouta avec une bienveillance qui m'enhardit. Vous me connaissez assez, mon cher Besselièvre, pour croire que je me montrai à Wiesbaden comme à Paris, le royaliste un peu indiscipliné de *la Chronique*, fidèle à son parti, mais plus fidèle encore à la vérité, apportant dans les discussions les plus sérieuses cette gaieté qui ne m'abandonne jamais entièrement, et à l'aide de laquelle on fait passer, je crois, bien des choses.

Je m'étais promis pourtant de m'observer et de me contenir ; mais j'avais compté sans la fascination que le prince exerce sur son interlocuteur, par le charme d'une parole animée, brillante, facile, toujours profondément sensée, et si française par les idées non moins que par l'expression, qu'on se demande s'il est bien vrai qu'on soit en Allemagne ? Le prince a surtout l'art d'écouter et le don plus difficile encore de *savoir entendre*. J'usai de sa complaisance souveraine, au point de lui dire fran-

chement mon opinion sur toutes les questions
palpitantes du moment : — l'appel au peuple,
la chance des divers prétendants, la durée
probable de la crise révolutionnaire et la réconciliation de la maison de Bourbon.

M'interrompant sur ces derniers mots :

— Je n'ai point oublié, fit le prince, que
l'idée de la RÉCONCILIATION a été jetée dans la
polémique quotidienne par la *Chronique de
Paris*.

—Monseigneur, je n'ai eu que le mérite
d'écrire ce qui était dans la pensée de tous :
j'ai obéi, en le faisant, à mon instinct de
royaliste...

— Et votre instinct vous a bien servi, me
dit le prince.

M. le comte de Chambord eut la bonté de
me demander ensuite ce que je pensais de
l'appel au peuple.

— Monseigneur, lui répondis-je, on ne con-
sulte personne pour prendre ce qui vous appartient. Vous devez rentrer à Paris comme
votre aïeul Henri IV, ou n'y pas rentrer du

tout. N'ôtez pas l'auréole qui resplendit sur votre front. Je ne voudrais pas que l'élection de mon roi fût discutée le verre à la main. L'armée est où est le drapeau; la patrie est où est le roi : pour moi, monseigneur, je ne suis en France que depuis deux jours !

Le prince, en entendant ces derniers mots, me prit les mains et me dit, en les serrant avec effusion :

— C'est bien cela ! vous êtes tel que je vous comprenais.

Je repris alors :

— M. le comte de La Viefville m'a dit une chose qui m'a fait le plus grand plaisir : il m'a raconté la conversation qu'il avait eu l'honneur d'avoir avec vous à Froshdorf, et dans laquelle il vous avait dit :

« — Monseigneur, si le socialisme triom- » phait, nous sommes de jeunes Français qui » ne nous laisserions pas égorger. Il y a une » Vendée, nous irions : serions-nous sans chef?

» — Je ne voudrais pas rentrer en France » par la guerre civile, auriez-vous répondu;

» mais, si l'on tirait deux coups de fusil en
» Vendée, au troisième je serais à cheval. »

— Cette réponse est celle qu'il fallait attendre du petit-fils d'Henri IV. Je voudrais, — ajoutai-je en regardant le prince, — que la France l'eût recueillie comme moi de la bouche de M. de La Viefville...

— M. de La Viefville a bien fait de vous parler ainsi en mon nom, répliqua avec fermeté M. le comte de Chambord.

A ce moment, mon cher ami, dans la joie que j'éprouvai en reconnaissant chez M. le comte de Chambord les qualités qui font les hommes supérieurs et les grands rois, c'est-à-dire l'intelligence qui plane, le sang-froid qui apprécie, la majesté qui impose, la bienveillance qui attire ; en le voyant si mûr par l'étude et l'expérience, si jeune par le cœur et l'esprit, si sympathique par la réunion de tous les avantages extérieurs, — je ne pus m'empêcher de lui serrer les deux bras avec un emportement fébrile, et de m'écrier, suffoqué par l'émotion :

— Monseigneur, je ne saurais vous dire combien je suis heureux de rencontrer en vous

un prince si beau, si jeune et si chevaleresque!
Certes, il en serait autrement, que je ne me
montrerais pas moins fidèlement attaché au
principe ; mais je remercie la Providence, qui,
vous préparant de hautes destinées, a voulu
que vous eussiez, comme le roi François Ier, la
noblesse du cœur et la beauté du visage!

Notre entretien effleura diverses questions
moins ardues, moins attristantes que la politique; et c'est alors, mon cher Besselièvre,
que je parlai de vous au prince. Je vous sais
trop modeste pour entendre à bout-portant les
bonnes choses qu'il m'a dites à votre endroit.
Si M. le comte de Chambord a raison de compter sur votre fidélité inaltérable, vous êtes assuré, mon cher ami, de son bon souvenir.

J'abrège de beaucoup cet entretien, qui doit
vous sembler pourtant long et décousu. C'est
un squelette dont l'âme est absente; l'âme,
c'était le regard du prince, regard qui faisait
rayonner mon émotion et donnait la vie à ma
parole.

Au moment de quitter M. le comte de Chambord, ma franchise ne me parut plus digne de

ce nom ; elle me sembla presque une énormité, et, à coup sûr, un oubli complet des lois de l'étiquette, et je crus devoir m'en excuser auprès du prince.

— Je n'ai rien à excuser, me dit-il avec une bonté qui me pénétra. Vous êtes un bon et fidèle serviteur ; et d'ailleurs, ce n'est jamais moi qui élèverai entre un Français et ma personne le rempart de l'étiquette.

Je m'éloignai. Mes forces étaient impuissantes à contenir plus longtemps mon émotion.

Maintenant que je suis plus calme et que je puis rassembler mes souvenirs, je veux, non point faire un portrait ressemblant de M. le comte de Chambord, — ce serait une tâche au-dessus de mes forces, — mais jeter à grands traits sur le papier quelques idées vraies qui permettent d'entrevoir l'homme et le prince.

M. le comte de Chambord vous aborde d'un air de franchise et de loyauté qui soudain vous met en confiance. Lorsqu'il vous parle, son regard s'arrête sur le vôtre pour y chercher toute votre pensée. Chaque fois que vous levez les yeux, vous rencontrez ce regard invariablement fixé sur vous, calme et puissant, d'une limpidité inaltérable, interrogeant sans déconcerter, et dont tout le monde parle, parce qu'il frappe en effet tout le monde.

Il y a dans les paroles du prince de ces éclairs et de ces aperçus qui dénotent l'intelligence supérieure. Son appréciation des hommes est ce qui m'a frappé davantage en lui. Il sait au fond ce que chacun vaut, serviteurs de la révolution de Juillet ou de la République ; il les a vus à l'œuvre ; et, qu'il s'agisse de leur force ou de leur faiblesse, de leur grandeur ou de leurs prétentions, on peut être certain que la distance n'a rien grossi ni rien diminué à ses yeux. Modeste au plus haut degré, et d'une circonspection extrême, facile à comprendre d'ailleurs, chez un prince exposé à voir journellement défiler devant lui des visages étrangers, M. le comte de Chambord parle peu d'ordinaire ; mais quiconque aura eu l'honneur d'assister à un de ces entretiens dans lesquels cette âme si noble s'épanche et se révèle, ne pourra, à quelque opinion qu'il appartienne, s'empêcher de reconnaître chez notre Henri les qualités de l'homme providentiel.

On a dit que le prince n'était pas de son siècle ; que politique, usages, religion, il prétendait tout restaurer sous des formes tombées en désuétude : c'est là une calomnie grossière, mais qui, heureusement, ne peut tromper aucuns de ceux qui auront pu l'entrevoir et l'étudier quelques instants. M. le comte de Chambord est un bon catholique, mais c'est aussi un bon compagnon ; il prouve qu'on peut avoir également la foi des siècles antérieurs et l'esprit du XIX⁰ siècle ; il est petit-fils de saint Louis, mais il descend aussi de Henri IV.

Cette idée sage, de vouloir réconcilier le présent avec le passé, apparaît jusques dans les détails en apparence secondaires des réceptions de Wiesbaden : M. le comte de Chambord écoute les conseils si remplis d'expérience d'un Pastoret, d'un Lévis et d'un Berryer ; mais il compte aussi sur le bras et le courage d'un Monti, d'un Fitzjames, d'un La Ferronnays, d'un La Ferté, de ces beaux et dévoués jeunes hommes de la France nouvelle.

Jusqu'au moment de mon départ, je m'habituai à voir le prince chaque jour, sacrifiant à ce besoin, à cette nécessité, le plaisir de visiter les alentours de Wiesbaden qu'on dit admirables. Mais vous, mon ami, vous pensez comme moi, j'en suis sûr, que la joie du cœur vaut mieux que la distraction des yeux ! Qu'importe une description de paysage de moins, si je vous rapporte un plus long, un plus vivant souvenir !

Au moment où je pris congé de M. le comte de Chambord, il me dit, en me serrant affectueusement la main :

— Vous partez déjà, monsieur de Villemessant ? Ah ! tant pis...

— Hélas ! oui, monseigneur, lui répondis-je, je repars bien triste et bien heureux ! Je m'étais fait un si doux plaisir de vous voir tous les soirs, que mon cœur va s'en trouver aussi mal que mes habitudes ! mais je vous emporte dans mon souvenir, et ce souvenir, je le consulterai à chaque instant comme un livre aimé ! Nous sommes venus vous visiter à Wiesbaden, monseigneur, ajoutai-je, j'espère qu'à votre tour vous viendrez nous voir à Paris.

Le lendemain j'étais en route. Ces beaux

paysages, ce Rhin, fils aîné de la mer, ces châteaux de géant ou de fée, qu'un espoir caressé, qu'un bonheur entrevu avaient faits à mes regards si majestueux et si charmants, s'évanouirent au retour. Derrière moi, je laissais le roi et la patrie. En posant le pied en France, je la retrouvais en République!

LES OUVRIERS

Les députations d'ouvriers, venues de divers points de la France, avaient été présentés à M. le comte de Chambord avant mon arrivée à Wiesbaden. Je précédais de deux jours la députation des ouvriers de Paris. Quand nous apprîmes qu'ils approchaient, nous allâmes avec empressement à leur rencontre. Ils avaient à leur tête MM. Jeanne et Salat. Ces braves ouvriers avaient payé à un entrepreneur une somme de quatre-vingt francs, fruit d'épargnes laborieusement amassées, pour aller, retour et trois jours passés à Wiesbaden. On comprend que, pour une aussi faible somme, ils ne pouvaient être logés que dans de méchantes cahuttes et entassés, en quelque sorte, les uns sur les autres. M. le comte de Chambord, qui s'était fait instruire des moindres particularités du voyage de ses *fidèles* ouvriers de Paris, ne voulut pas qu'il en fût ainsi : il envoya donner immédiatement des ordres pour que ceux-ci fussent logés au même hôtel que les visiteurs ordinaires; la colonie Jeanne se transporta donc à l'hôtel de la poste, où je me trouvais.

Ils prirent leur premier repas dans une de ces vastes salles de l'hôtellerie allemande, invariablement construites sur un plan uniforme, avec une galerie latérale sur laquelle se placent des musiciens qui exécutent des fanfares de cuivre ou d'harmonie pendant le dîner des voyageurs. Ces salles à manger sont également au besoin salles d'estaminet, de concert ou de bal.

Tout le temps que les ouvriers restèrent à table, un excellent orchestre (délicate attention de notre maître d'hôtel) fit entendre les airs nationaux de *O Richard ! ô mon roi ! — Vive Henri IV ! — le Chant français; Où peut-on être mieux*, etc. J'examinai le visage des ouvriers pour y lire l'impression que ces airs de la fidélité produiraient sur eux, et je dois dire que le caractère empreint sur ces mâles figures s'agrandissait et s'épurait en même temps. On y voyait rayonner l'exaltation du croyant, bien différents des hurleurs de refrains dits patriotiques, dont le type du visage est toujours un mélange de brutalité et d'ivresse imbécille !

Au dessert, un ouvrier se leva, et avec un à-propos heureux, il porta un premier toast :

AU DUC DE NASSAU ET A L'ALLEMAGNE !

— Pour les remercier, ajouta-t-il, de la bonne hospitalité qu'ils accordent *au noble exilé et à ses fidèles Français* !

Après ce toast, on proposa la santé du roi et de la France ; mais nous ne voulûmes pas permettre, nous autres, les témoins de cette scène attendrissante, qu'on portât cette santé avec d'autre vin qu'avec celui de la patrie. Nous fîmes venir du champagne, et là, Français de toute condition, gentilshommes, industriels, ouvriers, artistes, tous unis par la pensée, par le cœur, par l'espérance, nous choquâmes le verre et nous bûmes au rejeton de soixante rois et à la France éternelle !

Lorsque les ouvriers furent admis en la

présence de M. le comte de Chambord, soit respect, soit émotion facile à comprendre, ils décrivirent un large cercle autour du prince. Celui-ci leur répéta à plusieurs reprises :

— Approchez-vous donc, mes bons ouvriers français...

Les ouvriers firent un pas.

— Plus près encore...

Ils entourèrent Henri de Bourbon.

— Là, là, sur mon cœur... qu'il puisse battre à l'unisson du vôtre ! Vos vêtements sont imprégnés encore de l'air de la patrie : laissez-moi le respirer !

Le cercle respectueux était devenu un groupe animé, au centre duquel apparaissait, pâle d'émotion, le beau visage du prince. Quant aux ouvriers, ils sanglottaient en s'écriant :

— Ah ! monseigneur ! pourquoi la France ne peut-elle vous voir ainsi?...

Avec son coup d'œil prompt et observateur, M. le comte de Chambord s'aperçut qu'un des ouvriers se tenait obstinément caché derrière les autres. Il alla résolument vers lui.

— Monseigneur, dit en balbutiant l'artisan honteux, veuillez m'excuser ! j'ai perdu ma malle au chemin de fer ; je ne suis pas mis décemment pour me présenter devant vous ; mais, ne pouvant résister au bonheur de vous voir, je suis venu, espérant me dérober à votre attention...

— Ah ! mon ami, venez donc ! dit le prince en lui tendant la main ; que me fait votre habit ? c'est le cœur que je regarde !

Et, tout le temps de la présentation, il affecta de lui parler avec une intention marquée.

Le lendemain de l'arrivée des ouvriers était le jour de la représentation des *Huguenots*. M. le comte de Chambord leur envoya une place à chacun. Je m'approchai d'eux avant que le prince arrivât dans sa loge :

— Mes enfants, leur dis-je, je viens vous demander un sacrifice nécessité par notre position à l'étranger : c'est de rester calme et silencieux lorsque paraîtra Henri de Bourbon. Ce cri de *vive le roi* ! refoulez-le dans votre cœur et conservez-le religieusement à votre souverain; contentez-vous ce soir de vous lever devant le prince exilé!

M. le comte de Chambord fit adresser aux ouvriers trois invitations à dîner. Le choix des convives fut désigné par la voie du sort. Le prince se mit à table, ayant à sa droite madame Guérin, bretonne de Machecoul, et, à sa gauche, le jeune ouvrier Sicard, véritable type éveillé et spirituel du *gamin de Paris.*

— Eh bien! mon garçon, fit Henri en se tournant de son côté : ferais-tu des barricades si j'entrais dans Paris?

— Non, monseigneur! mais nous allons apprendre à en faire, et de solides encore! pour vous empêcher de partir si vous en aviez la fantaisie !

Nous allions oublier un épisode plein de délicatesse de ce banquet de famille.

Au nombre des trois ouvriers admis à l'honneur de dîner avec le prince, se trouvait d'abord un brave et digne garçon, nommé Rouvroy, ancien *chef servant à la bouche du roi*, sous le règne de Charles X. Rouvroy refusa; on insista vainement; il fallut donner sa place à un autre. On ne connut qu'un peu plus tard les motifs de son abstention.

— Je n'aurais pas échangé un tel honneur contre dix mille francs en or, disait Rouvroy; mais, à cause de mon ancienne position, j'ai compris que je devais céder ma place à un simple ouvrier !

Nous ne connaissons pas d'exemple à mettre à côté de ce trait de convenance parfaite et de tact exquis.

La veille de leur départ, les ouvriers furent invités, sans exception, à dîner à l'hôtel Duringer. Au dessert, M. le comte de Chambord descendit trouver ses hôtes, et, s'adressant á M. d'Espinay-Saint-Luc qui présidait avec madame Guérin la Bretonne ce banquet des adieux :

— Eh bien ! monsieur le président, êtes-vous content de mes braves ouvriers français ? Avant de me séparer d'eux, je viens boire à leur santé.

Alors, élevant son verre, le prince porta ce toast d'une voix sonore, dans laquelle perçait une vive émotion qui gagna tous les convives :

A LA FRANCE, NOTRE CHÈRE PATRIE !

C'était de la part du noble exilé, comme un douloureux embrassement de la patrie absente ; c'était comme la pensée ardente du prisonnier à la poursuite de la liberté !

M. d'Escuns, se penchant alors à l'oreille de M. le comte de Chambord, semblait lui adresser une prière à voix basse.

— Ah ! mes amis, s'écria-t-il, le prince le permet : VIVE LE ROI !

— VIVE LE ROI ! répétèrent toutes les poitrines à l'unisson.

A ce moment, le nommé *Leroux* s'empara de la bouteille qui avait servi à remplir le verre du prince, demanda de la cire, la recacheta avec précaution en disant :

— Il en reste encore une demi-bouteille ; monseigneur la boira à son retour à Paris.

—Malheureusement, elle sera peut-être un peu aigre à ce moment-là, dit le gamin de Paris.

— Pour moi, mes amis, je la trouverai bien douce, répondit le prince.

Les convives décidèrent que le verre dans

lequel avait bu M. le comte de Chambord serait déposé au cercle national. Ils emportè-
rent également chacun le verre qui leur avait
servi à trinquer avec un fils de France.

Au moment de se séparer de ses hôtes,
Henri de Bourbon eut un mot charmant, un
mouvement du cœur pour tous et pour chacun. S'approchant d'un jardinier de Saint-
Mandé, nommé Germain, qui lui avait appor-
té des pêches de son jardin, il lui dit :

— Je vous remercie, mon ami ; vos fruits
étaient excellents et bien doux pour un exilé :
ils ont muri au soleil de la France !

Le lendemain, qui était le jour du départ,
les ouvriers dînèrent à l'hôtel de la Poste.
M. le comte de Rougé vint se mettre à table
avec eux et leur adresser les derniers adieux
du prince. Le repas était fort avancé déjà,
lorsque le nommé Roussel, coiffeur, rue Vi-
vienne, entra dans la salle avec un air effaré
et joyeux dont ses camarades lui demandèrent
la cause.

— J'en ai ! j'en ai ! fit-il pour toute réponse,
en montrant un papier soigneusement plié
qu'il enferma dans son sein.

Ce brave garçon avait été mandé par le prince pour lui couper les cheveux ; et il avait conservé l'une des boucles tombées sous ses ciseaux.

Sur le point de les congédier, M. le comte de Rougé réunit tous les convives et leur adressa avec un accent vrai et une émotion bien sentie l'allocution suivante :

— Il faut nous séparer, mes amis ! vous retournez en France ; mais vous allez y rentrer avec le calme qui convient à de braves ouvriers royalistes. Pas de manifestation, pas de cri ! soyez dignes et graves comme des pélerins qui laissent sur la terre de l'exil, leur foi, leur amour et leur espérance ! croyez qu'il m'en coûte à moi et à bien d'autres d'avoir à refouler au fond de nos poitrines un cri qui est sur nos lèvres. Espérons qu'un jour nous nous retrouverons tous en France au cri de VIVE LE ROI !

Et maintenant, M. le comte de Chambord vous dit ADIEU !

— Et nous, nous lui disons : AU REVOIR ! s'écrièrent les ouvriers en s'éloignant.

LES BRETONS

Un des épisodes les plus touchants du pélérinage de Wiesbaden a été l'arrivée des ouvriers et paysans bretons, entraînés là, comme tant d'autres, par leur vieux et énergique dévouement à la cause royale.

Artisans et cultivateurs sans fortune, ils n'ont pas reculé devant une dépense de 400 fr., pour aller saluer leur ROI et pleurer avec lui sur les malheurs de la France. Ils ont refusé avec la plus noble fierté toute espèce d'indemnité pour un si long voyage.

A leur passage dans la capitale, ils sont allés s'asseoir devant le café de Paris, où se trouvaient un grand nombre de gentilshommes qui leur ont pressé la main et les ont loyalement félicités sur l'hommage qu'ils allaient rendre à leur prince. Plus de trois mille

personnes, ouvriers et autres, se sont em-
pressés autour d'eux, admirant ces hommes
revêtus de leur costume traditionnel, aux cheveux flottants, à la physionomie mâle et franche, qui ne craignaient pas de parler d'un roi
et de leurs espérances dans le foyer même de
la démagogie.

Leur arrivée à Wiesbaden a causé partout
une sensation profonde ; aussitôt que j'en fus
instruit, je courus l'annoncer à MM. le marquis de Pastoret, Berryer et de Monti, qui
alors assistaient avec le prince à une représentation des *Huguenots*. M. le comte de
Chambord en fut vivement ému, et il ne man-
qua pas d'envoyer le lendemain au devant
d'eux à leur débarquement du bateau à vapeur.

Quand ils furent entrés en ville, un des
gentilshommes du comte de Chambord, après
les avoir formés en cercle, crut devoir leur
recommander, au nom de l'hospitalité géné-
reuse du duc de Nassau, de ne se livrer à aucune manifestation et surtout d'éviter les cris
de *vive le roi* ! Le dévoué conseiller avait à
peine fini sa harangue, les croyant parfaite-

ment résignés, et ne se rappelant plus le proverbial entêtement breton, qu'un immense cri de *vive le roi*! sortit de ces vigoureuses poitrines et sembla voler d'échos en échos jusque dans les chaumières de la Bretagne pour y réveiller le vieil enthousiasme de la fidélité.

Il fallait voir ces fiers descendants des Celtes, le chapeau en l'air, répéter avec frénésie ce cri d'amour qui, depuis si longtemps, agite leurs bruyères.

Plus de huit cents royalistes se firent alors un devoir d'accompagner chez leur prince ces vétérans du royalisme armoricain. Les dames agitaient leurs mouchoirs, et partout, sur leur passage, ils furent l'objet de la plus ardente sympathie.

M. le comte de Chambord, qui les attendait, les reçut avec une émotion visible ; tous pleuraient, et lui-même ne put rester maître de son attendrissement.

L'un d'eux s'étant approché du prince, lui dit avec une rudesse toute morbihannaise : «*Monseigneur, nous venons vous voir ; on n'est pas content de vous au pays. — Pour-*

quoi ? demanda avec étonnement le royal exilé. *Pourquoi ! parceque vous devriez déjà être en France !*

Un autre, chouan endurci, ancien compagnon de Georges Cadoudal, en entrant dans la principauté du duc de Nassau, avait donné le signal du cri de : *vive le roi !* malgré la défense expresse et contraire du gentilhomme dépêché par le prince aux enfants de l'Armorique. Sur l'admonition paternelle et bienveillante que Henri de Bourbon leur adressa à ce sujet :

« C'est lui ! c'est *le vieux du roi*, dirent en le désignant tous ses compagnons. — Savez-vous, monseigneur, répondit le zélé serviteur, *que pour ne pas crier vive le roi, il faut être* BEN *obéissant.* »

C'est le même vieux partisan royaliste, qui, au moment d'arriver à Wiesbaden, sentant battre dans son cœur son enthousiasme d'autrefois, disait à ses compagnons :

— Il faut que le roi revienne à Paris, dussions-nous reprendre le mousquet.

— Eh ! mon pauvre vieux père, à quoi seriez-vous bon, s'il fallait en arriver au coup de feu?

— Dam ! répondit-il, *je me mettrais devant les autres et j'en économiserais un jeune* !

Cette réception, qui dura longtemps, ne cessa d'être affectueuse. Ces excellents royalistes, malgré leur dureté apparente, sanglotaient comme des enfants, et il fallut presque les arracher à la contemplation de celui pour qui maintenant ils affronteraient mille morts.

Le lendemain, 19 août, ils furent invités à dîner chez M. de Pastoret, qui les reçut avec cette bienveillante franchise qu'on lui connaît.

Voici les noms de ceux qui assistaient à ce banquet donné à la Bretagne tout entière :

Marquis de Pastoret. — Comte Olivier de Sesmaisons. — Bouhier de l'Ecluse. — L'Ecuyer de Villers. — De Mirabeau. — De Rougemont. — Vicomte Walsh. — D'Escuns. — Marquis du Plessis-Bellière.

MM. le vicomte de Monti, de Bourmont, et F. de la Ferronnays, invités, n'ont pu venir.

MEMBRES DE LA DÉPUTATION MORBIHANNAISE

Mathurin Robert, cultivateur. —Guillaume

Marie Le Méné. — Sylvestre Robin. — Bazile Gilet. — Claude Legendre. — Mathurin Guillemot. — Pierre Le Blénevec, boulanger. — Joseph Lebareh, ouvrier. — Lemarié, notaire.

Nous reproduisons avec bonheur le toast porté par M. le marquis de Pastoret :

« A la Bretagne ! à ses souvenirs et à ses »espérances ! à ses prêtres, à ses soldats ! à sa »fidélité ducale et à sa fidélité royale ! A la »Bretagne ! à la France et au Roi ! »

Pendant le repas, les Bretons avaient tous été parfaits de tenue et de dignité simple. M. et madame Walsh eurent aussi à leur table ces pèlerins politiques.

A une des soirées qu'ils avaient l'habitude de donner après les réceptions du comte de Chambord, pour parler de lui avec plus d'expansion et de liberté, un officier allemand, étonné du costume étrange de ces héros de la fidélité, demanda à l'un d'eux s'il était français. *«Francais à l'étranger,* lui répliqua le paysan; *en France*, BRETON ! »

C'est au dîner offert aux Bretons par le prince qu'il vint choquer le verre avec eux à la santé de la France.

Dire quel fut alors leur bonheur, leur enthousiasme, serait impossible. « *Nous n'avons
plus* REN *à demander au bon Dieu*, disaient-
ils en sortant, *j' pouvons mourir à c't heure,
j'avons vu not* ROI ! »

Mais ils avaient eu soin de faire table rase,
d'emporter les verres, les fruits, les sucreries,
tout enfin ce qui pouvait au pays leur rappeler le souvenir de Wiesbaden.

Avant de prendre congé de ces braves gens,
Henri V fit donner à chacun d'eux une médaille à son effigie et à celle de madame la
comtesse de Chambord. A leur passage à Paris
un artiste fut chargé de graver ces mots, qui
feront de cette médaille une relique sacrée
pour eux :

« DONNÉ PAR LE ROI A SES FIDÈLES BRETONS.
» *Wiesbaden*, 23 *août* 1850. »

Ils seront fiers, en effet, ces rudes courtisans du malheur, de montrer à leurs enfants,
à leurs voisins, à leurs prêtres qui le béniront, ce signe rappelant le beau et majestueux
profil de leur roi, talisman, amulette protecteurs dont ils couvriraient peut-être leur cœur

au jour du combat, si le combat devenait nécessaire pour ramener sur son trône le digne héritier de Henri IV et de Saint-Louis.

Espérons que la Providence lui ouvrira d'autres voies, car, avec de tels hommes, une nouvelle Vendée serait terrible.

Mais, il faut le dire, il faut le proclamer bien haut, monseigneur le comte de Chambord ne veut revenir en France que quand la France tout entière lui dira : Venez!!!

Nous apprenons que nos fidèles voyageurs, de retour dans leur pays, y sont entourés, questionnés et même presque vénérés comme le sont par les musulmans les pèlerins arrivant de La Mecque. Des larmes de joie et d'orgueil coulent de tous les yeux ; on se réunit à la chaumière et on ne prononce plus qu'avec amour, avec enthousiasme, le nom de leur jeune et bon roi qu'ils appellent Henri IV second !

Opinion des partis et des hommes

SUR M. LE COMTE DE CHAMBORD

La lettre écrite par M. Vésin au rédacteur de *l'Écho de l'Aveyron* est, sans nul doute, le témoignage le plus éclatant rendu à la vérité et à la cause que nous défendons. Le caractère tout politique que le représentant de Rodez a donné à dessein à sa lettre n'est pas ce qui nous frappe le plus, bien que ce soit là de sa part une déclaration de principes en quelque sorte officielle. Certes il est beau, il est d'un noble exemple qu'un membre de l'Assemblée législative ait la loyauté de dire à ses collègues et à ses commettants, en montrant le jeune chef de la maison de Bourbon : « Là est la stabilité qui nous échappe, la li- » berté sans désordre, le pouvoir sans despo- » tisme, le salut de la France que nous cher- » chons tous ! » Mais ce qui honore plus grandement M. Vésin à nos yeux, et ce qui démontre avec une entière évidence la valeur personnelle de Henri de Bourbon, c'est de voir l'*ancien orléaniste, fils de bonapartiste*, se rendre à Wiesbaden en philosophe et en sceptique, et en revenir enthousiaste et croyant. Ce dogme de la légitimité, auquel s'est converti si subitement et si loyalement M. Vésin, n'était pourtant jusque là ni une arcane ni une énigme pour le membre de l'Assemblée législative; et pourtant, il semble que la parole séductrice et la haute intelligence de M. le comte de Chambord en aient expliqué à M. Vésin les plus secrets mystères! La raison de ce brusque changement est bien simple : le représentant de Rodez nourrissait des préventions sans fondement et sans justice contre l'héritier de la branche aînée; et il a suffi à un honnête homme, d'un contact de quelques heures avec le prince exilé pour que des idées préconçues s'évanouissent devant l'évidence. Les calomnies à l'aide desquelles les partis essayent de ruiner la cause de Henri de France ressemblent, de loin, à des montagnes; mais, de près, ce ne sont plus que des brouillards amoncelés que dissipent à l'instant la vérité et le soleil :

Voici la lettre de M. Vésin :

Passy, villa Beauséjour, 9, banlieue de Paris, 27 août 1850.

Au Rédacteur de l'*Echo de l'Aveyron*.

J'ai voulu, mon cher et honorable ami, avant de vous adresser un résumé de mes impressions sur mon voyage de Wiesbaden, me recueillir et m'assurer qu'elles n'avaient pas été conçues légèrement par l'effet de la surprise et de l'entraînement. J'avais compris et mesuré la gravité de mon entreprise avant de m'y décider. J'ai cru devoir mettre la même mesure dans le récit que j'ai à vous en faire et que je dois à mes compatriotes, car c'est pour eux et non pas pour moi seul que je suis allé voir le représentant de l'ancienne royauté, comme vous le pensez bien.

Les circonstances au milieu desquelles ce voyage a eu lieu l'expliquent naturellement. C'est entre les articles du *Moniteur du soir* et les banquets de l'Elysée, c'est à la veille de l'apparition de l'*Ère des Césars* que je suis parti. Lorsque tant de personnes se croyaient en droit de dire où elles allaient, sans songer beaucoup à la Constitution, je me suis cru non-seulement en droit, mais en devoir de chercher où il fallait aller si on sortait de la Constitution. J'ai agi en cela suivant l'esprit qui m'a toujours conduit depuis que je suis revêtu du caractère public que m'ont donné les élections de 1848 et de 1849. Mandataire de mes concitoyens dans un temps de trouble et de confusion, sans aucun engagement pris ni imposé autre que celui de chercher loyalement le bien de mon pays, je me suis constamment considéré comme faisant partie d'un détachement envoyé à la découverte par un navire en détresse. C'est sous cette impression unique que j'ai exploré scrupuleusement tout ce qui se passe devant mes yeux. Je n'ai pas cru pouvoir me contenter d'un lieu de relâche; j'ai voulu trouver un port et une terre hospitalière.

Eh bien! je le dis bien haut et je le signale de loin à mes compatriotes qui me connaissent et qui peuvent douter de mon jugement, mais non de ma sincérité, cette terre, ce port, je les ai trouvés. Je puis leur dire en conscience : vous les avez connus dans le passé, mais vous ne les connaissez pas tels que je les ai vus. Le port a été agrandi, la rade est vaste et sûre. La terre ne porte plus ni citadelle ni donjons. Ceux qui disent le contraire trompent ou se trompent. Ceux qui parlent de dîmes sont de misérables menteurs. Au contraire, on y paie moins d'impôts, parce qu'on n'a pas besoin d'autant de soldats. On y a plus de liberté, parce que le pouvoir y est plus fort, et que n'ayant pas

besoin de songer à lui, il peut s'occuper davantage
de tout le monde et se montrer moins ombrageux.
L'égalité des droits y est reconnue franchement et
sans détour. Enfin les nouveaux venus y sont
traités au moins aussi bien que les anciens amis,
et le bon accueil est encore meilleur pour les petits que pour les grands.

Voilà ce que j'ai vu et soigneusement étudié, et
voilà pourquoi je dis à mes amis de toutes les
nuances que le jour où ils seront maîtres de se
fixer quelque part, ils feront bien de tourner la
voile du côté dont je parle, car là seulement, à
mon avis, ils trouveront ce qu'ils cherchent si pé-
niblement et si infructueusement depuis soixante
ans : une tranquillité honorable, — *otium cum di-
gnitate*, ce qui comprend tout, l'ordre et la liberté,
l'honneur et l'honnêteté, toutes choses qu'un gouvernement fort solide peut seul donner.

Maintenant, pour quitter le langage figuré, je
vous dirai que je n'étais pas sans inquiétude en al-
lant voir le comte de Chambord. Les portraits que
j'en connaissais ne me plaisaient pas, et encore je
les supposais un peu flattés, comme d'habitude.
De plus, l'opinion était assez accréditée, auprès de
bien des gens, que ses conseillers intimes exer-
çaient auprès de lui une assiduité qui sentait un
peu la tutelle. Dès le premier abord, j'ai été bien
vite et bien heureusement rassuré, lorsque j'ai vu

cette tête toute virile et toute royale, dont les traits semblent être empruntés aux meilleures figures de la maison de Bourbon. Leur régularité noble et l'expression de franche bonté qui y respire et y domine, y forment cet alliage si rare qui imprime simultanément le respect et ouvre le cœur.

Aussi ai-je éprouvé involontairement ce sentiment qui fait qu'on redoute un examen trop attentif, de peur de quelque déception, comme pour ces impressions que l'on voudrait garder et que l'on craint de perdre. Mais cette dernière anxiété a bientôt disparu comme la première.

Le prince a fait le tour du salon comme un homme qui est maître de lui et maître chez lui, en adressant à chacun la parole avec une dignité affectueuse qui répondait parfaitement à l'expression de son visage, sans effort, sans étude, laissant après lui la satisfaction sur le front de tous; et quand mon tour est venu, je savais d'avance que l'accueil qui me serait fait, tout *politique* qu'il devait être, ne serait pas plus calculé ni moins irrésistible que celui d'Henri IV, se faisant des amis de ses adversaires dès qu'ils pouvaient le voir et l'entendre.

Par tout ce qui s'est passé ce soir-là, comme par tout ce qui a suivi, puisque je viens de parler de Henri IV, j'ai compris que le petit-fils était fait,

comme l'aïeul, pour fermer l'ère des luttes intes-
tines, réconcilier l'artisan avec le gentilhomme,
comme le protestant et le catholique et communiquer à tous *cette violente amour pour le pays qui
rend tout aisé et facile.* Il y a en effet en lui plus
d'une ressemblance, indépendamment de celle du
nom, avec le roi populaire par excellence. Otez au
Béarnais ce qu'il tenait de son époque et de sa
terre natale; au lieu d'un conquérant par l'épée,
faites-en un conquérant par la patience et par
l'abnégation; en un mot, substituez à Arques et à
Ivry, Frohsdorff et Wiesbaden, vous aurez de moins
sans doute le triple talent si fort prisé de nos pères, vous aurez le Bourbon du dix-neuvième siècle
au lieu du Bourbon du seizième, mais vous ren-
contrerez dans l'un et dans l'autre ce trait commun et également victorieux, la droiture du cœur,
la chaleur communicative de l'âme, c'est-à-dire la
plus puissante des séductions pour faire ouvrir les
portes des villes, la plus forte des garanties pour
un gouvernement honnête et par conséquent durable dans la mémoire et la reconnaissance des
peuples.

Aussi ne suis-je pas étonné que les amis du
comte de Chambord désirent si vivement qu'on le
voie. Je le dis aujourd'hui comme eux. A ceux qui
douteront, non pas de ma sincérité, mais de mon
jugement, je me contente de répondre : Voyez et

jugez par vous même. J'ajouterai seulement que celui qui leur parle n'est pas un intéressé, ni un noble, ni un fils des croisés.

C'est un orléaniste, fils d'un bonapartiste, à qui sa conscience ne permet pas de dire qu'il *ne s'est converti à rien*, et qui dès lors se croit obligé de se faire connaître à ses commettants tel qu'il est, pour qu'ils le suivent s'il est dans le vrai, et pour qu'ils en fassent justice, quand le moment sera venu, s'il est dans le faux.

Voilà, mon cher ami, ce que je crois un devoir pour moi de dire à mes compatriotes de toutes les nuances. Pour tout le reste, les journaux en ont suffisamment parlé. J'ai fait ce que j'ai pu, vous le savez, dans la faible mesure de mes forces, pour payer ma dette à la famille d'Orléans et à celle de Napoléon. L'intérêt du pays me le permettait. Je ne crois pas qu'il me permette d'aller plus loin désormais dans cette voie; voilà pourquoi j'en signale une autre, et je dis :

> *Hùc vertite proram,*
> *O socii!...*

Votre dévoué.

VESIN.

Après M. Vésin, qui ne voit de salut pour
la France que dans un retour sincère à la
royauté, que dans un pacte durable avec le
pouvoir du DROIT, voici M. Poujoulat qui, dans
sa deuxième lettre sur Wiesbaden, analyse ce
dogme de la légitimité si sottement battu en
brèche par les têtes folles du libéralisme sous
la Restauration. La lettre de M. Poujoulat est
pensée par un philosophe et écrite par un lo-
gicien. Si le doute pouvait résister à l'éclatante lumière que jette le premier, il serait
pris au réseau de la dialectique si serrée, si
démonstrative du second.

Et pour en venir à ce qui me touche à mon
voyage à Wiesbaden, quel a été le motif de ma dé-
termination ? Pourquoi, moi, membre d'une Assemblée nationale, premier pouvoir de la République, suis-je allé porter mes hommages à l'héritier
d'une longue suite de rois? Vous le comprenez
sans peine, mon cher ami; c'est que tout le monde
est à la recherche d'une solution et que je me suis
senti autorisé à faire comme tout le monde. La
Constitution doit rester notre loi à tous jusqu'à ce
que la nation ait voulu autre chose, et, comme l'é-
poque du dénoûment est marquée, il importe d'ou-

vrir les yeux et de prêter l'oreille. Or, tout à coup la France s'émeut, l'Europe est attentive ! Quelle apparition a traversé l'espace? Un jeune homme, sortant de la lointaine solitude que les révolutions lui ont faite, se rapproche de nos frontières pour converser avec des amis ; en peu de jours, les chemins qui mènent vers lui se couvrent de Français ; cet empressement s'explique : ce jeune homme est le fils de ceux qui, dans le seul espace de cent soixante-douze ans, ajoutèrent au territoire de la France les deux Flandres, l'Artois, le Roussillon, le Béarn, le comté de Foix, la Franche-Comté, l'Alsace, le Nivernais, la Lorraine et la Corse ; il demeure le chef de la maison de Bourbon, il représente un principe qui a fait ses preuves : un principe est une ressource pour une nation.

Hier, en lisant plusieurs journaux de France, remplis de détails vrais ou faux sur le séjour de M. le comte de Chambord à Wiesbaden, je m'affligeais que des feuilles vouées à la défense de l'ordre ne craignissent pas d'amonceler les nuages des préjugés autour de cette éclatante personnalité de l'exil.

C'est tantôt un grand effort (effort malheureux !) pour diminuer la valeur de l'homme, tantôt une opiniâtre persistance à transformer ce qu'on appelle la cour de Wiesbaden en cour féodale, rendez-vous ridicule des parchemins et des reliques de

l'ancien régime. Il faut bien compter sur la crédu-
lité populaire pour espérer de faire accepter des
récits et des jugements d'une aussi prodigieuse
absurdité. Qui donc songe au rétablissement des
priviléges, au gouvernement de castes, à l'avénement des aristocraties? On fait peur au peuple et
aux bourgeois de ces fantômes menteurs qu'on
évoque à plaisir. Ah! je voudrais bien qu'on pût
un jour, l'histoire à la main, faire comprendre au
peuple qu'il doit à l'influence de la vieille royauté
la conquête de sa dignité et de sa grandeur morale. Et je voudrais bien apprendre à la bourgeoisie, qui se croit née d'hier, que son avénement à
la vie publique date de l'établissement des communes, œuvre mémorable de nos rois, et que l'en-
fantement politique de la bourgeoisie est un des
grands souvenirs monarchiques du douzième siècle.

M. le comte de Chambord à Wiesbaden repré-
sentait tout cet antique travail d'unité nationale et
d'émancipation progressive et universelle; il re-
présentait l'ancienne royauté française abolissant
toutes les servitudes, élevant toutes les conditions,
éclairant de ses rayons les situations les plus diverses et les plus humbles, faisant monter et glo-
rifiant avec joie toute vertu et tout génie, et ne
laissant jamais perdre à la France sa place éter-
nellement marquée à la tête des nations. C'est

pourquoi, autour de M. le comte de Chambord, on se sent à l'aise, qu'on soit pauvre ou riche, ouvrier ou grand seigneur (s'il y avait encore des grands seigneurs), qu'on soit accoutumé à conduire une charrue, à tenir une plume ou une épée. Cela a été vu, compris par un trop grand nombre de visiteurs et de témoins pour qu'il soit désormais permis de nier le caractère éminemment national et profondément populaire de M. le comte de Chambord. Tout Français qui a senti la chaude et sympathique étreinte de sa main dira que, dans la poitrine de ce prince, bat un cœur embrasé d'amour pour son pays.

Parmi vos journaux appelés conservateurs, il en est qui ne manquent ni d'impartialité ni de respect pour l'héritier d'une grande race, mais ils se refusent à reconnaître la puissance des principes : les expédients, les replâtrages, les gouvernements de fait suffisent à leur goût. Ils aiment mieux la crique que le port, le radeau que le navire; ils oublient que si un individu peut se contenter de la vie au jour le jour, une nation ne s'en contente pas; il lui faut les longs termes, la confiance sans bornes, les horizons larges et infinis. Une nation ne marche dans sa force que lorsqu'elle marche tranquille vers l'avenir. Elle dépérit, chancelle et tombe si vous lui mesurez l'air, l'espace et le temps. Laissons donc là les établissements de hasard et les régimes d'occasion. Assez d'expériences ont été

faites. Les hommes d'État qui veulent bâtir sans
principes pourraient obtenir le pardon de leurs
illusions si les abîmes ne s'étaient pas ouverts, si
la France et avec elle l'Europe n'eussent tremblés
sous les coups du tonnerre, si le monde épou-
vanté ne s'était vu à la veille d'une immense et
effroyable désorganisation. Après de tels dangers
et de telles terreurs, de nouveaux essais en dehors
des principes seraient de coupables folies. Oui, le
jour où il plairait à la nation française de ne plus
continuer la forme républicaine, qui a aussi son
principe, sa nature et son génie, un gouvernement
de fait quelconque, établi sous je ne sais quelle
pression et par je ne sais quel coup d'aventure,
serait marqué dans l'histoire comme un témoignage d'aveuglement inoui ; la Providence, lasse
de venir à notre aide, laisserait tomber sur nous
un de ces châtiments qui retentissent dans l'univers
et livrent aux quatre vents du ciel les lambeaux
d'un peuple sans raison, sans foi, sans mémoire.
Dieu a glorifié les dernières heures du vieux prince
de Claremont en lui inspirant des pensées de paix
et d'harmonie et un hommage solennel à la force
sacrée des principes : que cette grande mort dans
l'exil devienne au moins pour la France une utile
leçon !

J'aimerais un autre mot que celui de *parti* pour
désigner la fraction politique dépositaire des idées
de tradition et d'autorité. Il y a dans ce mot de

parti quelque chose d'étroit et d'exclusif qui convient mal à une opinion essentiellement nationale. De même que les vérités n'appartiennent pas à tel homme ou à tel peuple, mais au genre humain, ainsi le principe de la légitimité n'est pas la propriété d'un parti, mais d'une nation tout entière. Le légitimisme est comme la ville aux cent portes, chacun peut y entrer, toujours et à toute heure. Le terrain de la droite demeure ouvert à tout homme de bonne volonté; il sollicite sans cesse tous les bons instincts, toutes les loyales intelligences. L'union des forces sociales au profit de la patrie est le vœu ardent et la préoccupation continuelle de M. le comte de Chambord. La France ne se sauvera que si tout le monde veut se sauver. Rien de grand ne s'obtiendra sans l'énergie des efforts communs.

Il y a eu des temps où l'habileté était une puissance, et toutefois il me serait permis de dire que l'habileté, comme on l'entend de nos jours, n'a jamais rien sauvé. Nous sommes arrivés à un moment où l'habileté ne servirait de rien. Elle est le génie des époques ordinaires, et surtout des petits et vulgaires événements; elle ne serait pas de mise en présence des crises inévitables qui nous attendent à un terme prochain. Les choses bonnes et définitives ne s'accompliront que par l'élan du dévoûment et les inspirations de l'honnêteté. Où tout est nouveau, tout le monde est novice; tel est le temps présent, il ne ressemble à rien, et les hommes d'expérience ont peu de lumières à nous offrir. Il n'y a de sûr que la sincérité, la loyauté.

Ou le principe de l'autorité sera rétabli parmi nous, ou la force brutale, se disputant la société française, amènera d'horribles et mortels déchirements. Il n'y a que deux forces dans le monde : quand la loi morale se retire, la domination appartient à la violence. Mais prenons-y garde, l'empire de la force brutale, c'est la barbarie. Qui donc voudrait descendre des hauteurs de la civilisation chrétienne pour courber la tête sous le sabre du premier soldat venu et se plonger dans les ténèbres, loin de toute région d'idée, de foi et de liberté? Je sais bien qu'une certaine école élyséenne compte nous présenter le fatalisme pour doctrine et les prétoriens pour sauveurs. Elle aspire à nous faire rétrograder aux plus sauvages époques du paganisme, aux pages les plus misérables, les plus honteuses de l'histoire romaine. Des vues et des plans pareils sont la plus cruelle injure que notre âge ait reçue. On ne méprise pas plus audacieusement un pays. Que les athées de la politique gardent leurs *Césars* pour leurs songes de malades, pour les rêveries de leurs cœurs où l'espérance ne peut plus fleurir. Quant à nous, qui croyons au grand destin et au génie de la France, et qui croyons aussi à Dieu, à la liberté, à la dignité humaine, nous ne voulons pas de ces grossières dominations qu'on nous annonce; nous attendons mieux de ce noble pays qui a toujours étonné le monde par la merveille de ses ressources et la rapidité de ses retours.

Ainsi, ma pensée va de Wiesbaden à la France pendant que je descends le Rhin.

Je vous écris, mon cher ami, au bruit des eaux du grand fleuve, au bruit des conversations de mes compagnons, tout animés de ce qu'ils ont vu en un coin de l'Allemagne.

Si les réflexions et les sentiments que je vous livre ici vous semblent de quelque intérêt, donnez-leur place dans votre journal.

POUJOULAT.

M. Eugène Guinot, le spirituel chroniqueur du *Siècle* et de l'*Ordre*, est allé, lui aussi, à Wiesbaden; mais, comme bien vous pensez, il s'y est rendu en artiste et en écrivain de loisir. Il n'était à la recherche d'aucune solution et il ne songeait guère à la monarchie, lorsque *solution* et *monarchie* se sont trouvées involontairement dans sa pensée et sous sa plume. C'est l'histoire de Mahomet et de la Montagne. La Montagne, c'est-à-dire la vérité est donc venue d'elle-même solliciter l'inspiration de M. E. Guinot et lui dicter, sur M. le comte de Chambord, les lignes suivantes si pleines de loyauté et de franchise. Ce portrait mérite qu'on s'y arrête d'autant plus, que l'écrivain n'a jamais dissimulé ses sympathies pour la cause du roi tombé et les princes de la maison d'Orléans.

« M. le comte de Chambord est d'une taille moyenne et d'une tournure élégante, quoique un peu fort. Il boite légèrement, et non sans grâce, à la manière de lord Byron.

Il porte noblement sa tête, qui est d'une rare beauté. Ses traits sont d'une exquise délicatesse; le teint admirable : blanc et rose; la bouche petite, le nez droit et fin, les yeux expressifs et spirituels, le sourire plein de grâce : le double caractère d'une haute intelligence et d'une inépuisable bonté se peint dans ses regards et sur son front.

Il est difficile d'avoir plus que lui la séduction de la personne et le charme des manières.

La délicatesse de ses traits, la couleur de sa barbe et de ses cheveux blonds lui ont laissé l'air de la première jeunesse. C'est à peine si on lui donnerait vingt-deux ans : il en a trente.

Le prince parle avec facilité, avec à-propos, et le séjour des pays étrangers n'a nullement altéré son accent parisien.

M. le comte de Chambord vivait très simplement à Wiesbaden. Les personnes qui composent sa petite cour, les fidèles et dévoués courtisans de son exil sont parfaitement choisis : — c'est M. le duc de Lévis, qui tient son rang avec un heureux mélange de modestie et de dignité ; M. le comte de la Ferronnays, gentilhomme accompli ; M. le duc de Fitz James, dont la grande jeunesse excuse quelques mouvements de vivacité chevaleresque ; — d'autres encore qu'il serait trop long de mentionner.

C'est faussement que l'on a prétendu que le prince se faisait appeler « Sire » et « le Roi » ; on le nommait simplement « Monseigneur ».

Pendant son séjour à Wiesbaden, tout s'est très bien et très convenablement passé, à la satisfaction des visiteurs, des habitants du pays et du grand duc de Nassau. Les espions de la démocratie ont été réduits aux récits mensongers et aux inventions calomnieuses.

On vous a dit que le prince habitait le second étage de l'hôtel Duringer, le principal hôtel de Wiesbaden, situé en face de l'embarcadère du chemin de fer. — Pourquoi le second et non le premier ? demandait-on. — Voici pourquoi. :

Lorsqu'on se présenta pour retenir un appartement, la saison était déjà avancée, tout était pris, et une partie du premier étage de l'hôtel Duringer était occupée par des Anglais.

On pria ces Anglais de céder leur appartement

et d'en changer ; il ne s'agissait pour eux que d'un très petit dérangement ; ils refusèrent.

On leur nomma le comte de Chambord ; ils persistèrent dans leur refus.

C'était leur droit ; mais le droit n'était d'accord ici ni avec le bon goût ni avec les convenances.

Hâtons-nous de dire seulement qu'il ne faut pas juger les Anglais sur ceux qui voyagent.

Ce serait juger défavorablement une nation qui, chez elle, sait se conduire dignement.

Lorsqu'on apprit au prince que les touristes d'Albion refusaient de céder le premier étage, il répondit en souriant :

— Eh bien ! je logerai au second.

Ce refus n'empêcha pas que les Anglais qui demandèrent l'honneur d'être reçus à ses soirées fussent bien accueillis.

L'*Ami de la Religion* représente dans la presse les opinions individuelles de M. le comte de Montalembert, et cet honorable et éloquent défenseur de la cause de la société chrétienne ne s'est point rangé jusqu'à ce jour parmi les champions de la royauté du DROIT. M. de Montalembert se montre assidûement, au contraire, dans les salons de M. le président de la République. La lettre suivante, extraite de l'*Ami de la Religion*, a donc une signification très sérieuse, sous ce rapport que, sans émaner précisément de M. le comte de Montalembert, elle est l'expression de son entourage et de ses amis politiques. Or, voici comment M. le comte de Chambord est jugé par des hommes que nous avons trouvé jusqu'ici, sinon hostiles, du moins complétement indifférents envers le prince exilé :

M. le comte de Chambord est accessible à tous. Ses amis les plus dévoués n'ont qu'un désir : c'est que ses ennemis, s'il en a, viennent le voir comme eux. On peut le rencontrer sans cesse, l'entretenir longuement. Son accueil est plein de dignité et de bienveillance pour tout le monde, d'effusion et de cordialité pour ceux dont il a éprouvé l'attachement. Le soir, il est toujours debout, passant d'un salon à l'autre, adressant à chacun la parole, s'enquérant avec intérêt et bonté des personnes et des choses, n'oubliant rien, se servant de sa mémoire si sûre avec le plus aimable et le plus touchant à-propos. A sa table, où il admet tous les jours une vingtaine de convives, tantôt il cause avec ses voisins de droite et de gauche, tantôt il engage une conversation plus générale et y jette avec esprit

quelques traits qui l'animent et la soutiennent.
Dans l'abandon de l'intimité, il se livre encore davantage à ce naturel enjoûement, à cette gaîté
franche et de bon aloi qu'on appelait la *gaîté française* et qui ne nuit jamais à sa dignité. Sa grâce,
à la fois noble et simple, la judicieuse portée de
ses observations, le charme de son caractère ne
lui font jamais défaut. Quand même il ne serait
pas prince, il serait remarqué partout comme
homme d'intelligence, de distinction et de cœur.

Mais, jusque dans les relations du monde, il est
vraiment prince. Sa physionomie est toujours
calme et cependant toujours animée! Sa belle et
sereine figure est comme le reflet d'une âme constamment inspirée par les plus élevés et les plus
généreux sentiments. Souvent, dans une conversation sérieuse, il éprouve et il communique une
émotion profonde et contenue. Ceux qui deman-
dent s'il sent vivement ne l'ont pas vu dans ces
moments-là. Il est vrai qu'il reste toujours parfaitement maître de lui, et que le type du souverain
demeure inaltérablement gravé sur son front bril-
lant dans ses yeux. C'est son regard surtout dont
on ne saurait avoir une idée si l'on n'en a éprouvé
l'impression. Ce regard, d'une séduction incroya-
ble, limpide comme le cristal, pur comme la lumière, part semblable à un rayon, tombe droit et
rapide; et, pénétrant jusqu'au fond de l'âme, il

l'illumine et en fait jaillir à l'instant tous les sentiments qu'il a excités.

Ce regard est bien plus expressif qu'aucune parole ne pourrait l'être. M. le comte de Chambord
parle avec sobriété : mais tout ce qu'il dit est marqué d'un cachet particulier. Il interroge avec saga-
cité ; il écoute avec attention. L'expression sur ses
lèvres est nette, la pensée sûre et haute. Dans ses
audiences, il conduit la conversation avec autant
d'habileté que d'aisance, et y prend une part active, faisant ou laissant dire tout ce qui est nécessaire, tout ce dont il veut s'informer.

Il s'exprime avec beaucoup de réserve, mais
aussi de netteté sur les choses politiques. Il n'i-
gnore rien de notre temps et de notre pays.
On peut avoir contre lui des préjugés qu'il ne jus-
tifie en aucune manière ; il n'a, quant à lui, de
préventions contre personne. Ses jugements,
quand il en porte, sont ceux d'une exacte justice
que rehausse et domine la plus noble générosité.
La bienveillance couvre tout, mais le discernement
ne manque pas. Il fait, d'un œil très sûr, la part
du bien et du mal, des circonstances et des carac-
tères, des vœux légitimes et des mauvaises ten-
dances de notre siècle.

Ainsi, il ne confond pas la vraie liberté avec la

révolution ni la force matérielle avec l'autorité. En ce qui le concerne personnellement, on s'aperçoit sur-le-champ que son intérêt particulier n'est rien pour lui, que l'intérêt général est tout. Il sent qu'il appartient à sa cause et qu'elle ne lui appartient pas. Il n'en est que le premier serviteur ; car il voit en elle, non pas sa cause, mais celle de l'ordre et celle de la justice. De la justice surtout, dont la *légitimité* n'est, à ses yeux, que l'application à la transmission du pouvoir dans un État constitué depuis quatorze siècles en royaume héréditaire.

M. le comte de Chambord est plein d'espoir, parce qu'il est plein de foi et de patriotisme. Il ne se fait aucune illusion sur la situation des esprits en France, mais il sait aussi à quelles conditions la France peut se relever, et il compte qu'elle se relèvera, Dieu le voulant et tout le monde y aidant. Il se croit fermement appelé à remplir une mission. Ce ne sera pas une mission de guerre, de vengeance ni de violence, mais de pacification, d'ordre durable, de sage liberté, de restauration vraiment sociale.

M. le comte de Chambord n'a pas admis à Wiesbaden d'autres distinctions que celles du talent, de l'âge, des services rendus, anciens ou nouveaux, sous un pouvoir ou sous un autre ; et il a montré, dans sa cordiale réception aux ouvriers de Paris et aux paysans de la Vendée et de la Bretagne, la franche et antique affection de sa race pour le peuple.

Assurément, ni en lui ni autour de lui, l'on n'a rien pu voir qui rappelât un prétendant. Là, pas d'intrigues, pas de complots ; aucune de ces impatiences et de ces folies que produit trop souvent l'amertume de l'exil. Le prince se sent éloigné de son pays, non point proscrit. Ce qu'il y a de plus remarquable parmi les amis dévoués qui l'entourent, c'est leur profonde et inaltérable unanimité d'opinions et de sentiments. Cette unanimité se forme et se maintient naturellement sous les inspirations d'un cœur inaccessible à toutes les petites passions. On a reproché à M. le comte de Chambord d'avoir trop de bonté et pas assez d'initiative. On a pu voir cette année qu'il est aussi ferme qu'il est bon, et que, s'il ne veut pas devancer les événements, il ne se laisserait pas devancer par eux.

Il est impossible de soutenir plus dignement la responsabilité, l'autorité, les devoirs que ses droits lui imposent, et l'on ne saurait séparer en sa personne l'homme de l'institution dont il est le vivant symbole. Chez lui, tout est d'un roi. Il n'en porte ni le titre ni les insignes, parce qu'il n'est pas au milieu de son peuple ; mais, malgré la réserve qu'il garde, on reconnaît à sa majesté naturelle son caractère souverain. Non ! Il ne sera jamais un chef de parti, et l'on sent qu'au jour où Dieu, dans ses conseils secrets, lui donnera le pouvoir, c'est qu'a-lors il n'y aura plus de partis. Il sera non le roi des royalistes, mais le roi de la France.

C'est à regret que nous ne donnons que par extraits la relation du voyage des ouvriers de Paris à Wiesbaden, relation rédigée par qua-tre d'entre eux. Nous fussions tombé dans des redites, après ce que nous avons publié nous-mêmes sous ce titre : LES OUVRIERS. Toutefois, nous avons respecté, dans la lettre que nous citons plus bas, les portions de leur récit dans lesquelles apparaissent au grand grand jour la simplicité touchante et la spon-tanéité du cœur de ces braves artisans. Ils prennent le soin de nous apprendre, au com-mencement de leur lettre, que leur conviction n'était point faite lorsqu'ils se sont arrêtés à l'idée d'un pèlerinage à Wiesbaden. Ils ont voulu savoir ee qu'il y avait de vrai au fond des récits publiés par de zélés royalistes sur le compte de Henri de Bourbon ; et, nouveaux saint Thomas politiques, ils nous décla-rent. au retour, *qu'ils croient, parce qu'ils ont vu*. La foi qui s'épure au creuset de l'évidence est une foi inaltérable. Aussi sommes-nous assurés que ces braves ouvriers ont fait leur choix, et pour toujours, entre la révolution impuissante et la monarchie réparatrice.

RELATION DU VOYAGE DE LA DÉPUTATION DES OUVRIERS DE PARIS A WIESBADEN.

On sait comment s'organisa notre voyage pour Wiesbaden. Nous entendions souvent parler de M. le comte de Chambord comme d'un prince digne des rois dont il descend et du principe qu'il représente ; mais nous avions un vif désir de le voir nous-mêmes : rien ne vaut, en pareille matière, le témoignage de ses propres oreilles et de ses propres yeux.

Nous partîmes de Paris à onze heures du soir par un temps affreux, qui ne nous a quittés qu'à Aix-là-Chapelle.

Sur toute notre route, nous avons rencontré un cordial accueil. Ainsi, nous étant embarqués à Cologne sur le bateau à vapeur le *Bubens*, nous fûmes l'objet des politesses de tous les passagers. Il n'y avait pas jusqu'aux mariniers qui ne vinssent trinquer avec nous. Du pont des bateaux à vapeur qui descendaient le Rhin, on nous saluait en agitant des mouchoirs blancs; partout, enfin, on nous accueillait avec effusion, et il semblait qu'on nous remerciait d'être venus. Nous faisions cependant une chose bien simple et bien naturelle : nous suivions le penchant de nos cœurs, nous désirions savoir si l'on nous avait dit vrai sur le prince objet de nos affections, nous voulions connaître qui nous aimions.

Nous le connaissions aujourd'hui, Dieu merci! Le 18 août, nous arrivâmes à Wiesbaden.

Une heure après notre arrivée à Wiesbaden, nous étions chez M. le comte de Chambord. Nous n'étions plus bruyants, comme pendant notre voyage; l'attente nous rendait silencieux; chacun de nous sentait son cœur battre comme à la veille d'un grand événement. On nous fit monter dans un salon au premier; nous nous rangeâmes autour de cette vaste pièce. A peine avions-nous pris place, le prince entra. Ce fut un beau moment. Il vint se placer au milieu de la salle. « Soyez les bien venus, mes amis, nous dit-il, approchez bien près de moi! » Nous nous approchâmes, mais le respect nous tenait à quelque distance encore. « Plus près, s'écria-t-il, plus près, je veux me sentir serré par des Français. »

Nous l'entourâmes cette fois de si près, que nous ne lui laissions que la place de son corps. Ses mains vigoureuses serraient nos mains, ses yeux pleins de tendresse étaient attachés sur nous ; il nous remerciait d'être venus de si loin. Nous ne pouvions parler, les larmes nous suffoquaient. Le voilà donc le descendant de saint Louis et de Henri IV, ce prince que les plus âgés d'entre nous se souvenaient d'avoir vu, dans leur enfance, emporté par une rapide voiture des Tuileries à Bagatelle ; le voilà l'enfant aux yeux bleus et à la tête blonde, déjà exilé avant que les plus jeunes de notre bande fussent nés. C'est un homme aujourd'hui, plein de vigueur, de jeunesse, de beauté, qui parle de la France comme s'il ne l'avait jamais quittée, qui reçoit tous les Français comme des amis. Dès qu'il vous parle, on se sent le cœur remué ; quand il tient votre main, on n'est plus à soi, on est à lui.

Le soir, le prince a voulu nous recevoir encore. Il s'est approché de chacun d'entre nous en particulier, et nous a adressé des questions bienveillantes et de bonnes et cordiales paroles, de ces paroles que l'on ne saurait oublier. Il est si doux de se sentir aimé par qui l'on aime !

Le lendemain, M. le comte de Chambord nous a invités à aller au spectacle ; on jouait les *Huguenots*. Le prince est venu au second acte, il occupait une loge d'avant-scène à la gauche des acteurs.

Remarquant que plusieurs des nôtres ne pouvaient le voir et se levaient de leurs places pour le chercher des yeux, il s'est mis à droite ; ainsi placé, il voyait mal la scène, mais il était mieux vu par nous.

Pendant la soirée, MM. de Lévis, Berryer, de Pastoret, et plusieurs autres personnes qui étaient dans la loge du prince, l'ont quittée pour venir s'asseoir parmi nous, à la seconde galerie, où nous étions.

Le lendemain, à deux heures, nous avons dîné chez le prince. Nous étions en belle et bonne compagnie. Ouvriers, bourgeois et grands seigneurs, étaient à la même table; c'était bien la meilleure des républiques, car tout le monde s'y aimait, et tout le monde aimait le petit-fils de Henri IV. Vers le milieu du repas, M. le comte de Chambord est entré, il a fait le tour de la table, s'est arrêté au milieu; puis, demandant un verre, l'a fait remplir jusqu'au bord. Alors, d'une voix forte et vibrante : « Mes amis, à la France! à notre chère patrie! » Les têtes n'y étaient plus, nos cœurs débordaient; la France, Henri V, ces deux noms étaient mêlés, confondus.

Tous les verres sont venus choquer le sien, et nous avons acclamé sa santé en la joignant à celle de la France. Nous avons voulu emporter nos verres qui avaient touché celui du comte de Chambord, en mémoire de cette santé portée sur la terre étrangère, et que nous espérons, Dieu aidant et la France le voulant, renouveler dans notre pays.

La veille, un d'entre nous, Sicard, jeune ouvrier sellier de dix-huit ans, a dîné chez M. le comte de Chambord ; il avait été désigné par le sort avec un autre de nos compagnons, Germain, jardinier à Saint-Mandé. Ils ont partagé cet honneur avec madame Guérin, fidèle Bretonne, que le prince a fait placer à sa droite.

C'est le lendemain que les signataires de cette lettre, Mathias Leguernic, sellier-brideur ; Petit, cartonnier-papetier, et Salat, employé, tous trois délégués des ouvriers de Paris, eurent l'honneur d'être reçus en audience particulière par M. le comte de Chambord.

Nous étions seuls avec le prince ; la conversation roula surtout sur la situation de la classe ouvrière de Paris. M. Mathias dépeignit ses souffrances. M. le comte de Chambord, après avoir dit que le meilleur et le premier des secours à accorder aux classes laborieuses, ce serait un bon gouvernement qui maintînt le pays dans une situation d'ordre et de confiance au dedans, de sécurité et d'influence au dehors, indiqua quelques institutions qui, agrandies, modifiées ou fondées de nouveau, pourraient efficacement aider les souffrances qui échapperaient à l'influence du bien-être général. Il insista avec un vif et touchant intérêt sur les mesures à prendre pour venir en aide à la classe des ouvrières, et particulièrement des jeunes filles, pour qui la misère est un piége en même temps qu'une souffrance.

Avant que nous prissions congé de lui, il nous serra la main, et nous sentîmes l'étreinte vigoureuse d'une main qui ne se prête pas, mais qui se donne, et qui sait garder ce qu'elle saisit. Il ajouta des paroles pleines de bienveillance pour nous, pleines d'affection pour ses amis de Paris, qu'il nous chargea de remercier. Son dernier mot fut celui-ci : « Union, dévoûment à la France ! »

Notre voyage était terminé. Nous avions vu ce que nous voulions voir, nous connaissions le prince, et le connaître, c'est l'estimer et l'aimer. Nous repartîmes pour la France, le jeudi, à cinq heures du matin. Plus de chants, plus de cris de joie, comme à notre départ ; nous étions tristes et silencieux. Ce n'est qu'en rentrant en France que nous avons retrouvé un peu de notre gaîté, en pensant à ce que nous avions vu et entendu ; nous avions à le raconter.

SALAT, MATHIAS LEGUERNIC, C. PETIT,
Ouvriers.

Petit Vocabulaire de la Fidélité

A

Mme d'Aigueperse.— Marquis d'Aillières. — Alban de Pingré.—Allix.—d'Ambray, représentant.—Comte et comtesse d'Ancoy. — Marquis Amelot. — Marquise Amelot de Chaillou.— Andras.— Comte d'Aramon.— Charles d'Argentré.—Comte Paul d'Armaillé.—Théodore Anne.—Mme Aron, de Strasbourg.—Arnol, père et fils. — Baron d'Arnouville. — d'Artois de Bournonville. — Marquis d'Asch.— Charles d'Astanières. — Marquis d'Aslaniéroux. — Comte d'Aubigny. — Théodore Audéan et son fils. — Achille Audéoul, de Strasbourg. — Louis Audéoul. — d'Aulet. — Comte et comtesse d'Autichamps. — Comte d'Avançon. — Mme Avrial-Dauhiez et sa fille. — George d'Aramon. — d'Antè. — M. et Mme d'Avrecourt. — Amory de Langerac. — Atterbourg.— Duplessis d'Argentrè.— H. d'Aleyrac.—Vicomte et vicomtesse Gustave Amoy. Vicomte Gaudefroy d'Auteroche. — Comte Paul de Loyer d'Auteroche.

B

Bacon de Sains. — Baffis. — Princesse de Bagration. — Comtesse Bahunat de Liscouet. — Comte de Baillieu-d'Avrincourt. — Baron de Baillet. — Adilas Baille, de Montpellier. — Ballimani - d'Hartagny. — Baltz Polidera, fabricant. — Cómte de Bambray. — Bar de Roux, de Marseille. — H. Barbaud, de Besançon. — Barbaud de Béramcop. — de Barante. — Barande, ancien précepteur du prince. — F. Barghon. — Barman. A. de Barthélemy, représentant. — Barsch, chef d'escadron de la garde-royale. — Marquis de Bassecourt. — Colonel Bath. — Le Bault de la Monnerie. — Bayard, lieutenant-colonel en retraite. — Charles Beaudesson de Richebourg. — Edouard Beaudoin, directeur d'assurances, Amiens. — Baron Alphonse de Beaufort. — de Beaufils de La Roucheraye. — A. de Beaugrenier. — Comte de Beaumont. — E. Beauvan. — Vicomte de Becdelièvre et son frère. — Béchard, représentant. — Béchard. — M. de Béfort-Strachaim. — Mme de Béhague. — L. Béhaghel, ancien député. — Baron Guy de Bellaig. — Baron de Belcourt. — Fournier de Bellevue. — Comte de Bellevue. — Marquis du Plessis-Bellière. — Comte de Bellisle. — Benoît d'Azy, représentant. — Bentry-Van-Yssclotein et sa famille. — Comte de Berton. — Berger. — Comte de Berghes. — Bernard, de Montpellier. — Berryer. — L. A. de Berset, représentant. — Victor de Bertier. — de Berton, propriétaire. —

Comte Charles de Bertier.—Bertholon, curé de Saint-
Marcel. — Comte de Besselièvre. — Comte Léon de
Béthune. — Billard de Lorrière, capitaine de volon-
taires royaux. —Billiard, commissionnaire en farines.
— Mme Crosse de Bionville. — Paul Crosse de Bionville.—Bitet.—Comte de Bizemont. — Mme Blacke.
—de La Blandière.—Blangimont.—Achille de Bligny.
— de Blique, propriétaire à Rouen. — Bobarach,
examinateur. — Bodereau. — Baron de Bois-d'Avid.
— Henri de Boisguéhéneuc.— Comte et comtesse de
Bois-Péan et son fils. — Mme de Boissavary. — Marquis de La Boissière. — Comte de Boisrenaud. — Vicomte de Bonneuil.—Borch, commandant.—de Bor-
desoulle. — H. du Bouays. — Bouchez, notaire. —
de Rodemack. — Boulard, ancien maire dans Paris.
— Baron de Boullet.— Alexandre Bourbon, prêtre. —
Bouhier de l'Ecluse, représentant. — César de Bourmont. — de Bourcet, fils. — Mme de Bourcet, née
de Melqué. — Mme Boutry et ses quatre enfants. —
Vicomte de Bouville. — Comte de Bramtancourt.
— Comte de Broyes sa fille et ses deux gendres. —
Vicomte de Breil de La Coulenay. — Comte de La
Bretesche. — Henri Bretonneau. — Bricourt, ancien
maire. — Comte et vicomte de Brigode. — Baron de
Briènon de Gootelindt, chambellan de S. M. le roi
des Pays-Bas. — de Brimont. — Comte Fernand de
Brissac. — Henri de Brissac.— Ferdinand de Brissac.
— de Brissac. — Prince Auguste de Broglie. — Hyp-
polite de Bruyer, ex-garde du corps. — Bruder pré-

tre. — de La Brugière, ancien officier supérieur de gendarmerie. — M. et Mme de Buchère. — Baron de Budelembrock, lieutenant-colonel prussien. — Buisine. — Frantz de Bulach. — Baron Bullian de Beuviron. — Comtesse de Busche. — Jules de Buyer. — Rodolphe de Buyer. — Philippe de Becdelièvre. — Comte Frédéric de Beaulaincourt. — Édouard de Beaulaincourt. — Pierre Le Blevenec. — Joseph Le Barh. — Bayart, lieutenant-colonel en retraite. — Buisine-Rigot. — Boutè. — Balliman, fabricant d'horloges, à Paris. — Blanchet. — Mme Bering. — Docteur Boireck. — de Barbat, de Bordeaux. — Bitsch. —Marquis de Béthune.— Berthelot (Orne).— Bodin, ancien conseiller de la Préfecture, à Niort. — Baron de Boch, hermsdorf-grand, chambellan de S. A. le grand-duc de Nassau.— Jules de Brisoult.— Mme de Baratinsky, princesse Abasneleck. — Charles Brédif-Reverdy, de Tours.— Baccarach.— Comte de Bréda. — Maurice de Bréda. — E. Beaurain. — Francisque Barghon. — Capitaine de Bellemain. — Marcus Berlè. — Mlle Lydie Berthele (de Colmar). — Paul de Blangermon.

C

L'abbé Casse.— Caillel du Tertre, représentant.— Comte Cambron.—Canésie, capitaine. — Edouard de Campigneulles.— Chevalier de Canolle. — Roux-Carbonnel, représentant. —Comte de Carbonnières, officier de la garde royale. — Vicomte de Cardaillac.—

de Carrière.— Carrière. — Henri Carion.— Vicomte et vicomtesse de Caqueray.—Mme de La Cartouzière. Cauchy, ancien précepteur du prince. — Comte de Caux. — Mlle de Caux. — Cavroix, armateur.— Cavroix-Cousin. — L'abbé Cédos — Cellerier.— Cerse-Lusignan. — Prince de Chalais. — Charles de Chambon. — Comte de Chamon. — Comtesse de Champgué.a — de Chanay. — Comtesse de Chaponag. — Chapot, représentant. — Baron de Charmel. — Chartier de Portanie. — Comte Réné de Chassepot. — Chastelier, représentant. — Comte de Chateaubadeau.—Mme de Can de Chatouville.—Blanche de Chatouville.—Henri Chauffour.—de Chaulieu, représentant. — Charles de La Chaussée. — Chauvin, représentant. — Edouard de Chavagnac. — de Chavaudon. — Cheret-Duval. — Marquis Réné de Chérisey. — Marquis de Choiseul. — de Chousy. — Clerc. Cléry, ouvrier.—Gastien de Clocheville.—Ad. Codine. — Coësnon.—Vicomte de Coislin.— Collinet.— Colombert. — Vicomte de Connes. — Félix de Conny. — Le docteur Constantin. — J. Coranlt du Verger. — de Corbeheuc. — Corbel. — de Corny. — Baronne de Cauchy. — Vicomte et vicomtesse de Coupigny. — Comte de Coupigny. — Mlle de Courbeines. — Docteur Pavi de Courbeines. — E. Coutau, ex - capitaine. — Coustenoble, pharmacien à Lille. — Craingay. — Baron de Cressac. — Crétineau-Joly. — Edouard de Cressac. — Curvillard, artiste. — Marquis de Curzay. — Comte et vicomte de Curzay. — Hyppolite Cuvelier. — de Cuvillon. — de Cystria. — Mme et Mlle Creuzé de Lessert. — Cotton, ancien sous-officier des lanciers de la garde. — Claude Le Yondre. — M. le comte et Mme la comtesse de Castéja. — Henry Cuvelier. — Cambone. — Couturier. — Combal. — Mlle de Canolle. — Caffin. — Concin. — Cotgrave. — Edmond de Carné. — Louis de Carné. — Alfred de Chateigner. — Henry de Comeau. — Mlle de Chardon. — Mme de Chardon. — Charbonneaux, de Reims. — Chardin, propriétaire, à Paris. — Chardin fils. — Coupigny de Louverval.

D

Dahirel, représentant. — Marquis d'Alayrac de Coulanges. — Hyppolite Dargues. — L'abbé Darras. — Félix d'Arteim, conseiller-général du Bas-Rhin. — Dunand de Dastem. — Félix de Dastem. — Dauphinot-Midoc. — Dauphinot, de Reims. — L'abbé Dauphin. — Dauver de Pern. — A. Dauvin. — Davison. Louis Debouix, à Roubaix. — Defontaine. — Dehoir, de Paris. — Delbon, à Bordeaux. — Delbos de Verdama, à Bordeaux. — Delcourt-Malfait. — Delorme. — Delpech-Junior, à Bordeaux. — Delpy, ancien officier. — Demouchy de Guillocourt. — Deshayes, ouvrier. — Desprez. — Desraillier, maître maçon d'Alais. — Dessalier, d'Alais. — Baron De Vischer de Celles. — Marquis de Dion. — Jules de Dirondairolles.

— Alphonse Doyen. — M. et Mme Drake. — Dubois, de Paris. — Dubois, propriétaire. — Comte Duchâtel de La Hawarderie. — Duchastel, ancien chef-d'escadron de la garde royale. — M. et Mme Duclan. — Baron Dudon. — Dufougerais, représentant. — Prosper Dugas. — Duigner. — Philippe Dulnart. — Ferdinand Dupont de Romémont. — Louis Dupont de Romémont. Comte et comtesse de Durfort. — Durs, d'Aix. — Durvillard, propriétaire. — Des Dorides. — Dournel, avocat à Amiens. — Charles Dormoy, étudiant. — Louis Droulers, à Ascq. — Florentin Droulers, à Ascq. — Duparc. — Duliège d'Aunis. — Louis Delroi, de Roubaix. — L'abbé Desprès. — Baron Dubeurbrouc. — George Dumont. — Dunaud. — Dujardin. — Delaunay. — M. et Mme Duhamel-Débreuil. — L'abbé Denis-Duvivier. — Mme Doumerc. — Daguenet, de Paris. — Déjean. — Delestre, de Lille. — L'abbé d'Ausi, de Malines. — M. et Mme Duclau. — Vicomte Dubreuil de la Caunelaye. — Prosper Dugas. — Mme Dugas. — Defontaine, représentant. — Louis Dupont de Romémont. — Ferdinand Dupont de Romémont.

E

Eberhard, lieutenant. — Chevalier des Echerolles et son fils. — L'Écuyer de Villers. — Révérend Henri Ehves, chapelain de Isufford. — Eon. — Adolphe d'Épaulard, du Mans. — Comte Timoléon d'Espinay Saint-Luc. — Ferdinand de l'Épine. — Eppenetter, de Pa-

ris. — Comte Érard de Lavaulx. — Comte d'Érisneyl.
— Comte François Des Cars. — D'Escuns, représentant. — D'Escuns, propriétaire. — Comte d'Essertenne. — Le marquis d'Espinay-Saint-Luc, ancien maréchal de camp. — Colonel de l'Espinasse. — Isabelle Elie. — M. et Mme Elis. — Augustin Édouard. —W. Evert de Venloo. — A. de l'Épine.

F

Falconnier. — Baron et baronne de Falloux. — Faure de Lille. — Henri Favreau, représentant. — Léon de Fayet, de Fontenay. — Baron de Fernel. — Baron de Ferrier, ex-garde du corps. — De La Ferronays. — De La Ferté. — Fischer. — Édouard de Fitz-James. — Fizelier, ouvrier. — Marquise Follet. — Chevalier de La Fontaine-Salare et sa femme. — Henri de La Fontaine-Salare. — Comte de Fontenilles. —Baron de Foucaud. — De Fougeroux. — Du Fougeroux. — L'abbé Frahier. — J. de Franqueville. — Marquis de Frégeville. —Marquis et marquise de Fréval. — Marquis de Fricherville et son fils. — De Froment, ancien chef de bataillon. —Adam Fromholz, notaire de Sierk. —Farnèse, à Avesnes. — Faure de Wazemmes. — De Fontaine. — Falcinelly. — Duc de Fimarcon-Esclignac. — John Feilden. — Faure de Wazemmes (Nord). — Ernest Farnèse-Favarcq, négociant de Lille. — Florismond Martin Lascombes.— J. Fournier de Bellevue.— Comte Frantz Carl de Saintignon.

G

De Galembert. — Gallier de Saint-Sauveur. — Garcia, artiste du théâtre San-Carlo-Roberto.—Garde. — Gardette. —Garnier, chef d'institution. — Gastien de Clocheville. — Gaudius, de Lyon. — Gaudy, ouvrier. — De Gatalette. — Auguste de la Gautraye. — Gay. — Henri Goulet. — Vicomte de Genouillac. — L'abbé Genthon. — Georgite, de Paris. — Gérard. —Géré, ouvrier.—Gergerey, ancien magistrat de Bordeaux. — Gerliez de Layens. — Germond, de Paris. — Mme de Gernety.—Comte Edouard de Geslin.—Manuel Gidion.— De Gilles.— Philippe et Arthur de Gilès.— Comte Nunciane de Girardin.—Charles de Givenchy. —Godbout, propriétaire à Paris.—Godbont.—L'abbé Godefroid. — Godefroy (Adolphe). — Gohiet. — Comte Maxime de Gomer. — Comte Eugène de Gomer. — M. et Mlle Gonot. — Baron de Goyon. — Comte de Grammont. — De Grandmaison et son fils. — De la Gretic. — Ernest de Gromard et son fils. — De Gromard.— Tancrède-Guerry de Beauregard. — Marquis de Guerry. — Marquis de Guercheville. — G. Guibert. — De Guichené. — Guiheneuf, ouvrier. — Guillon. — Guimart. — Guill. Genety. — Henri de Guinaumont et ses enfants. — De Guiranont. — Marquis et marquise de Guiry. — Marquis de Guitheherville. MM. Guy-Coquille. — Gaspart, bottier. — Bazile Gilet. — Mathurin Guillemot. —Grelier du Fougeroux, représentant. —Guirard, notaire à Lunéville. — Miss Gervis. — L'abbé de Guillebon. — Gentil d'Angers. — Baron de Gillenoncourt. — Léon de Givenchy. — Henri de Givenchy. — L'abbé Guétien. — Mme Guétien et sa mère. — Guyon de Besançon. — Comtesse de Gondreville. — Geist. — E. Guinot.

H

Hamelin. — Happick. — Le Hardy, du Marais. — D'Hautbourdin. — Arthur de Hautecloque. — Chevalier de Hautecloque. — Baron de Hautecloque, ancien maire d'Arras. — D'Hauteroche. — L'abbé Héble. — Helle, banquier à Sainte-Ménéhould. — Mlle d'Hémeric. — Hennequin, secrétaire général de la mairie de Metz. — Prince de Hénin. — Paul de Herée. — Herbel. — Comte d'Herculais. — Hersent, curé-doyen de Corbie (Somme). — Baron Léon d'Hervey-St-Denis. — Comte d'Hervilly, lieutenant-colonel. — Henri Herz. — Hezzog, de Bordeaux. — Hyppolite d'Hendecourt. — Cornille d'Heudecourt. — Baron d'Homeyer. — Marquise de la Houssaye et son fils. — Baron d'Huard. — Baron V. d'Huard. — Baron d'Huot. — Humbert. — Comte d'Huteau. — Gustave de Hauteclocque de Bermicourt. — Chevalier de Hamel du Breuil et sa femme, née de Moyria Chatillon. — Baron Ch. d'Huart. — Harscouet de Saint-George, représentant. — Docteur Robert Haas. — Halftermeyer. — Comte d'Herculais. — Major Hawkins. — Baron Haber. — Vicomte Hermamguy-Cellort. — Paul de

Hercè. — Mme d'Hamonville, née de Manonville, et son fils.—M. et Mme Hatzenberger.—Hoguet, maître de ballets du roi de Prusse. — Augustin de Hillerin de la Vendée.—Guillaume Hauser, de Colmar.—Edmond Hugue, étudiant en droit. — Comte d'Hervilly.

I

Ernest Isabey. — Vicomte d'Iturrigaroy. — Armand d'Izarn. — Isabelle Elie, de Caen.

J

Léon Jacquart. — Jaffart de Marseille. — James, ancien porte-étendard des hussards de la garde. — Jalhéam, capitaine belge et sa fille. — Jauge. — Baron de Jerphanion et son neveu. — Jeanne, papetier. — Jervis. — Jeuffrain de Louviers. — E. Jessé. — Comte de Jobal.— Joly, Constantin. — Henri Joire. — Jouet de Lamiduals. — Comte de Jouffroy. — De Jumilhac. —Charles de Joybert. — Joubin.

K

Comte et comtesse de Kergorlay. — Mlle de Kergorlay. — De Keridec, représentant. — Vicomte de Kermaigny. —Comte de Kerranit. — De Kersaint. — Baron de Kesterbiez.—De Krant, lieutenant-colonel. — Baron de Kettenburck. — M. et Mme Kilbec.

L

M. Laury, vicaire à Saint-Joseph d'Angers. — Léopold Labarère. — Léo de Laborde. — Vicomte Jules de Laborde. — Marquis de Lubersac. — Laurentie. — Baron de Labordey. — Baron Léopold de Laborde. — Comte de Lagrange. — Veuve Julie Lahoussaye. — Lallemant, limonadier, fils d'un ancien serviteur de l'armée de Condé. — Louis de Lallemant. — Mme Lambert et sa fille. — Lamène. — De Lamenceau. — L'abbé Lameur, curé. — De Lambert. — Le comte Lucien de Lambertye de La Grandville. — Comte Édouard de Landreville. — L'abbé Lang. — Charles de Landwerlin. — De Langle. — Larreguy de Civrieux, ex-officier de la garde royale. — Marquis de Langalèrie. — Baron de Langdorff, conseiller intime de Son Altesse royale le grand duc. — Laulz, membre de la Chambre de Prusse. — De Lannoy, ancien garde du corps, et son frère. — Alphonse de Lanyle. — De Lardemelle, ancien député. — Ernest de Lardemelle. — Jules de Lardemelle. — Latapie. — De Latrouville. — Colonel de Laubépin. — De Laureau. — Baronne de Laurenceau. — Comte de Lauriston. — Charles de Laveau. — Adrien de Laveau. — Adrien de Lavalette, rédacteur de *l'Assemblée nationale*. — De Lazareff. — l'abbé Lavechin de Wallers. — Valentine Lee. — Lecrom, représentant. — Lecointre, de Poitiers. — Mlle Lecaron. — Mme de Lefébure, de Nancy. — Leguernic, ouvrier. — Mathias Leguernic, sellier brideur. — Leiendeker, pein-

tre de Paris.—M. et Mme Lebaurain.—Lemaire.—Félix
Lemoine. — Lemoine, négociant à Nantes.— Lemon-
nier, négociant à Paris. — Lemourè.—Lecomtre. —
Lemonnier, propriétaire. — Mme de Lénard. — Le-
vino et son fils. — Leroy, banquier. — Leroy. — Ca-
mille Leroux, fabricant à Tourcoing. — Comte de
Lescalopier. — De Lestrade. —J. B. Leynier. — Lu-
dovic de Lèzardière.—De Liagre. — Du Liége, d'Ab-
beville.—Comte Limbert.— Liogriès.— Comtesse de
Linscaat. — Livreur. — Lochard. — De Lombert. —
De Lorimier. — De Lormier. — De La Londe. —
Comte de Lostanges.— Raoul de Lostanges.— Comte
Th. de Luail. — Lubis. — Vicomte Ludovic de Leza-
nière. —Lunseschutz, peintre d'histoire. — Baron de
Lustrac. — Lutz aîné. — Guillaume-Marie Lemenet.
— Lescut, à Cambrai. — Desiré Leurent, à Turcoing.
— Général comte de La Loyère. — Duc de Lévis. —
de Larochette, représentant. —Baron Le Prince et son
fils.— L'heureux.— Marquise de Lubersac.—Mlle de
Lespinasse. — Marquis du Luart. — Le prince Looz-
Corwarem.— Comte Philippe de Luart.—Lalle, ban-
quier.—Comte Gaston de Lambertye-Jobal.—Leroux,
de Sens. — Labry. — Lefevre. — Lebarek. — Le-
marie, notaire breton. — Labrugière.— Charles Lan-
wertin, de Mulhouse. — Mlle Leroux Duchatelet. —
Liogier.—Jules de Lirou d'Airolle.—L'abbé Lenoir,
de Nevers. — Comte de Layre.— Charles de Lyée.—
Octave Lerique de Rocourt. — Comte et comtesse de

Lavalette. — Madame Langlumé de Courtil. — Mlle Lecaron, de la Normandie. — Lesaffre, de Turcoing. — De Lagrenè. — De Lagrenè du Chaussée. — Alfred de Longpérier. — l'abbé de Leug, d'Auteuil, ancien garde-du-corps de Monsieur.

M

Roger et Adrien de Maindreville. — De Maindreville. — Gédéon du Maisniel. — Maison, fils de l'ancien président du tribunal de Rambouillet. — De Maison-Neuve. — Maisne. — Malfait, filateur. — Comte de Malartic. — Baron de Mandill. — Henry Manoury et sa sœur. — Le baron Wilhem de Mandell. — Vicomte de Manière. — Comte de Marcellus. — Le vicomte de Marillat et Carle de Marillat. — Marsac, de Nantes. — Martin. — Frère Jean de Matha, supérieur des frères Trinitaires. — Mirtaudein. — A de Mauchade. — Baron de Moraçin. — Maucomble-Tranin, brasseur. — De Maupassant. — Maupon, ouvrier. — Vicomte de Maussabré. — Du Maye. — Mazeau, notaire. — M. et Mme Max-Sultané. — Comte Maxi. de Gomer. — Hypolite Menessier. — Madame Mèroz. — Mèroni. — Charles Micolei, de Mayence. — Léon Milhès, lithographe. — Marquis de Mirabeau. — Moncœur, enfant de troupe de la garde royale. — Maucomble Tranin. — Mme la marquise de La Monnaye. — Alexandre et Alfred de Monti. —

Capitaine comte de Montgommery. — De Montmo-
rency Robecque. — De Montramé. — Comte de Mon-
teyar. — Baron et baronne de Montillet. — Mme de
Mondénard. — Doë de Mondreville-Roger.— Marquis
de Montesson. — M. de Morcove et son fils. — Réné
Morel. — L'abbé Morel, chanoine-honoraire de Paris.
— Morel Delignière. — César Moreau. — Marquis du
Mort.—Mortier de Fontaine. — Mortier de Fontaine-
Ramesle.— Mott fils, de Tourcoing.—Muller, manu-
facturier, et sa famille. — Musgrave. — Martel, à
Douai. — Roger Martin, à Douai. — Moisson, fils. —
Mme la Marquise de La Moussaye. — de Mosckove.
— Muraire. — Raimond de Malrieu. — Marochetti,
neveu du statuaire.— M. et Mme Mainvarins.— M. et
Mme Macdonald. — Capitaine Millor. — J.-J. Mer-
cier, de Bordeaux. — Mucquart, de Lille. — H. Mac-
donald. — Mistress. Macdonald. — Memminger. —
Vicomte de Montanyon. — Murard de Saint-Romain.
M. et Mme Maigret, de Vincennes. — A. de Maisnet.
— Stéphane Malandrin.

N

Vicomte de Narcillac. — Charles de Narcillac. —
Baron de Naylies. — Nédellec, horloger-bijoutier du
comte de Chambord. — Comte de Nédonchel. —
Marquis de Nédonchel. — Mme Neistadt. — De Né-
rine, prêtre. — Nibelle. — Comte et comtesse de
Nieuverkerke, ex-officier de la garde royale.— Comte

Jules de Noailles. — Duc de Noailles. — Noblet de Vidière. — De Nogent. — Vicomte de La Noue. — De La Noüe. — Vicomte de Nugent. — Emmanuel de Noailles. — De Neuville, représentant. — Duchesse de Noailles. — Noë Mesureur et son fils. — E. de Nogent, de Dijon. — Abbé de Nèrines, aumônier du roi Charles VI.

O

Obry père, fils et neveu, ouvriers. — Chevalier Odoard. — Charles d'Outaniesnes. — Colonel d'Orthal. — D'Osmoy. — Théophile Olivaud, de la Loire-Inférieure. — Colonel Olberg. — Isaac Olivier, négociant.

P

Pageot, ancien ministre plénipotentiaire de France aux États-Unis. — Marquis de Pamilly. — Du Parc, représentant. — Comte de Pardieu. — Charles Passerat, de la Chapelle, notaire, à Metz. — Jules Perlé de Francfort. — Baron du Perreux. — Vicomte de Perrochel. — M. et Mme de La Pervenchère. — Ch. Petit, ouvrier. — J. de Pétigny et son fils. — Petitjean, de Reims. — Peugnet, fabricant de cartonnage. — L'abbé Philippon, à Verrière. — L. Philppi et son fils. — L'abbé Philippon. — Marquis de Pissy. — Paul Picard. — Picard, de Reims. — Pidoux, représentant. — Marquis de Pimodan. — Gabriel de Piperey. — Playont.

— E. Platel. — Comte de Pleumartin. — Marquis du Plessis-Bellière. — Marquis de Plichon. — Polinder, de Strasbourg. — Mme Poirée. — A. Poirier. — Comte et comtesse de Poix et leurs fils. — De Pomairol. — Postel, représentant. — Comte de Porteuilles. — Potteau d'Hancardrie. — Poujoulat, représentant. — L. Poute. — Préban-Berthelot. — Comte de Prédelys. — Proment. — Pruné de Goos-Cornwœn. — Baron Le Prunié et son fils. — Comte Théodore de Puymaigre. — Anatole de Puységur. — Paris, à Douai. — Pauquet, à Avesnes. — Marquis de Pastoret. — Comte Panisse. — Hypolite Puech. — Pringuet. — Perolle. — Poupin. — Robert Peel, neveu du ministre. — Mme Robert Peel Dawson. — Pérignon, peintre. — Poinsignon. — Joseph Pérard, de la Haute-Saône. — Pauffin. — M. et Mme Parfait. — Porret. — L'abbé Poncet. — L'abbé Pillet. — Pillet, avocat.

Q

Comte Charles de Quatrebarbes. — Mme Binel de Quéhélec. — L'abbé Quétien et sa mère. — Quintard et sa famille.

R

Le maréchal duc de Raguse. — De Raineville. — M. et Mme Ram. — De Rambourg. — De Rancé, re-

présentant. — Mme Rapp, modiste à Paris. — Général
de Rastignac. — Ratel, horloger. — Charles de Ray-
mond.— Ravenez.— Ravez. — Mme Raynier, propriétaire.— Marquis de Regnon.—De Régnon, conseiller
général, à Toulouse. — Comte de Regimond. — Louis
Reusens. — J. Reynier, avocat à Marseille. — Comte
de Reviers de Mauny. — Baron et Baronne de Reviers. — de Rezé. — de Riancey. — Auguste de
Riberolles. — Ribot, curé de Châteaubriant. — Jos.
de Riberolles. — Louis de Richemont. — Riquez,
commis négociant. — Robert-Victor. — Robillard
de Magnanville. — Marquis de Robien. — Marquis
de la Rochejaquelein, représentant. — Julien de
la Rochejaquelein. — de Rochebrune. — de la Rochette. — Romain Moisson. — Roger de la Rochette.
— L'avocat Rondloff.— Mme Rosa, propriétaire.— de
Rotschild de Dusseldorf. — L'abbé Rozet. —Roufroy.
— Vicomte de Rougé. — Macaire de Rougemont. —
Jules de la Rounière. — Mme Roussel Caullier et
sa famille. — de la Roussière. —Roussel. — de la
Rousserie, de Rouen. — Roussel-Caultin de Touriau
et sa famille. — Rouvroy, ancien chef à la bouche
du roi. — Ed. Ruinard de Brimond. — Marquise
de Rune. — Ernest de Roux. — Marquis de Ro-
chegude. — Comte de la Roche-Poncié. — Marquise
de Lupé. — Rochard, peintre français établi à Lon-
dres. — Duchesse de Rauzan. — Roësch, officier
supérieur en retraite. —Octave Le Rique de Rocourt.

— Mathurin Robert, dit *le Vieux du Roi*. — Sylvestre
Robin. — Des Rotours de Chaulieu, représentant.
— Rizemond. — Ernest de Roux. — Colonel Roth. —
Achille du Raget. — Rigaud. — Raynal-Chagrave. —
Mme la Baronne Reviers de Mauny. — Edouard Rau-
duin. — Comte Roger de Rincourt. — Henri Rouget
de La Fosse. — Roger de Lille. — Vicomte Ernest de
Rotalier. — Charles Rolland. — Louis Rolland. —
Marquis de Roussy, ancien préfet. — Marquis de Ro-
chegude, ancien officier et député de Vaucluse.

S

Sabaud. — Saglio de Walbourg. — Baron de Saint-
Albin. — Marquis de Lur-Saluces. — Salat, ouvrier.
— Comte de Saint-Alban. — Comte de Saint-Belin.
— Comtesse de Saint-Eugène. — de Saint-George.
— Comte de Saint-Aignan. — de Saint-Lary. — Comte
et comtesse de Saint-Laurent. — Comte de Sainte-
Maure. — Comte de Saint-Mame. — Vicomte de Saint-
Marc. — de Saint-Pern fils. — Comte de Saint-Pern.
— Baron de Saint-Paul. — Comtesse de Saint-Priest
et sa fille. — de Saint-Priest, représentant. — de
Saint-Salvy. — Comte de Saint-Romain. — Comte de
Salvandy, ex-ministre de Louis-Philippe. — A. Sala.
— Baron Charles Saladin. — de Samrou. — de San-
doz de Cernay. — de la Saussaye et ses deux fils. —
Comte de Sanzay. — Sauvaire-Barthélemy, représen-

tant. — Henry-Savary de Beauregard.—Baron Schwiter. — Baron Schmith. — Séchy. — Léo Sécond. — Séguering. — Baron et baronne de Ségonzac. — Marquis et marquise de Selve. — A. de Senevoy. — Comte de Loët-Sérignan. — Ch. Sernie. — Comte Olivier de Sesmaisons et ses deux neveux. — Sicard, ouvrier sellier. — Siriez de Longeville. — Smith. — de Solages. — Comte de Sombreuil. — de Sommerville. — du Sonich. — Souchon de la Goubière. — Souk. — de Souï. — Comte de Sparres. — Baron de Staber. — Marquis de Staplande, ancien officier de dragons de la garde royale. — Mme de Staplande. —J. Stevemers.—Baron de Suphamès.—de Surville, représentant. — Gustave de Sarrebourse.—Sutaine, de Reims. — Sabatier, négociant à Bordeaux. — Baron Charles de Schmid.—Charles Serine. — M. Sauthwelle. — Sechée. — Vicomte de Sainte-Marie. — Sommeville. — H. et miss Strafford. — Comte de Serincourt.—Comte et Comtesse Sequier-Simbrison. — Baron de Saint-Paul. — A. de Surian, ancien député. — L'abbé Silvercreugs. — L'abbé Siniers. — Charles et Gaston de Saint-Just. — Samson.

T

Comte de Talleyrand-Périgord.— L'abbé Tailleur. — Ernest de Tarragon.— Ed. Thibaud.— Marquis de Terrier de Loray. — Marquis de Terrier Santans.

— René Terrier de Loray, de Besançon. — A. du Terrage. — Thellier de Sars, ancien Président du tribunal d'Arras. — Thévenot, ex-maréchal-des-logis des gardes du corps. — MM. Thévenot. — Thierry-Tollard. — de Thieulloy. — Thillier, de Vendôme. — Tigared. — Baron de Tochady. — Trappier. — Tollard, propriétaire. — Mlle Maria Turquetil. — Baron de Trèhody. — Comte de Touchimbert. — L'abbé Tresvaux, chanoine de Paris. — de Trimond. — Baron de Tschudy. — Marquis de Tuart. — Thellier de Poncheville. — Charles Taffin de Givenchy. — Edmond de Thieulloy. — Stanislas de Thieulloy. — Comte de Trimond. — Thomine-Desmazures. — Trinquet, à Douai. — Colonel Tugener, de soleure:

U

D'Usedon, conseiller intime de Sa Majesté le roi de Prusse.

V W

Baron de Wacquant. — Duc de Valençay. — Alexandre de Vallex. — Duc et duchesse de Valmy. — Mlle Henriette de Valmy. — Mme de Walsh. — Vicomte Edouard de Valsh. — Baron Eugène de Vamgen. — Mme Van-Prat et sa fille, d'Anvers. — Vicomte Arthur de Vannoise. — Comte de Vannoise. — Comte E. de Waren. — Baron de Vaston. — L. Watelet, ancien magistrat. — De Vatimesnil, représentant. — De Vatimesnil fils. — Baron de Watrouville. — Alexandre de Waubert, de Genlis. — Comtesse de Vauvineux. — Marquis de Vaujuas Lanjan et son fils. — Général comte de Vennevelle. — M. et madame Joseph de Verneville. — Verdier fils, d'Uzès (Gard). — Vermesch, ouvrier. — Vésin, représentant. — Baron Veurbonne. — Marquis de Vibraye et ses deux fils. — Videux. — Comte de la Viefville. — M. et madame de Ville. — Le Baron de Ville. — Ch. de Villecour. — MM. de Villefrancon. — Villarest-Joyeuse. — Comte Eugène de Villèle et mesdemoiselles de Villèle. — Wilhem, avocat à Colmar. — Hyppolite de Villemessant. — Vicomte de Villebois. — Baron de Wismes. — Comte de Vitrolles. — De Vitold, propriétaire. — Baron de Vitresses. — Baron de Wolbeck. — de Wolbrock. — Volte, ouvrier. — Comte et comtesse de Villebois. — Charles de Villecour de Blettange. — Vammoë, à Dunkerque. — Vaillant, à Amiens. — Comte de Valles. — Van-Elslande. — Baron de Vischer, de Cette. — de Villemontée. — Walter. — Baron Veslin. — Marquise de La Vauzelle. — De Vaulchier fils. — L'abbé Vincent. — Mlle Vincent. — Comte Réné de Vaulchier. — Vannois, ouvrier. — Vuiton. — William Woodroff, ingénieur civil. — Vicomte de Vibraye. — M. de La

Villatte, ancien capitaine de la garde royale. — Baron de Verton.

Y

Eugène Yvert, rédacteur de l'*Ami de l'Ordre* (Gazette de Picardie).

Z

Zanini, propriétaire à Paris. — Baron Zorn de Bulach, ancien député ; sa femme et son fils.

CONCLUSION

Maintenant, nous nous écrierons avec M. Vésin : toute la solution, la seule solution possible est là, à Frosdorff, où l'exil enchaîne un prince, plus qu'un prince, un principe. Royalistes, espérez ! Dieu semble enfin détourner sa colère et prendre en pitié les malheurs de la France, de cette France qu'il aime encore malgré ses erreurs, malgré ses crimes.

S'il a su entourer presque d'un prodige le berceau de l'enfant, il saura bien conduire l'homme à travers les obstacles qui s'opposent à son légitime avènement.

Henri V ne sera pas seulement le roi proscrit de nos cœurs, un roi tout d'illusions, de poésie : ce sera un roi qui aura sa page vivante, active dans l'histoire, et ce temps-là est proche, nous le croyons, où Paris le saluera de ses acclamations ; nous apercevons le but, but calme et glorieux qui sera atteint sans qu'une goutte de sang soit versée.

Quel prince, en effet, est plus digne de seconder les desseins de la Providence ?

M. le comte de Chambord, nous ne saurions trop le redire, possède, au plus haut degré, les vertus, les mérites de l'esprit et du corps qui constituent l'homme destiné à commander aux autres ; cela est tellement vrai, que nous connaissons quelques-uns de ses ennemis, qui, partis dans un but hostile, sont revenus de Wiesbaden éblouis comme nous et sympathiques à l'exilé.

Amis, indifférents ou détracteurs, ont donné à la France le même portrait du prince.

Non seulement M. le comte de Chambord est doué d'un noble, d'un incomparable visage, mais tout ce qui vient de son cœur est plus admirable encore.

Ne l'avons-nous pas vu, à la nouvelle de la mort de Louis-Philippe entraîner à sa suite, et associer à sa pensée d'oubli tous les Français alors à Wiesbaden, dans cette petite chapelle, où pieusement agenouillé au milieu de trois cents légitimistes purs, il demandait au Seigneur la paix éternelle pour l'âme de celui qui lui avait pris sa couronne ?

Qu'on ne dise pas que ce fut par un calcul politique, car nous sommes heureux de rappeler qu'il prit un deuil sévère à la mort de son cousin le duc d'Orléans, à une époque où l'espérance de son retour devait lui paraître incertaine.

En face de tels témoignages, nous ne saurions croire que la *réconciliation* ne soit pas dans le cœur des deux familles.

On sait que le vieux roi la voulait ardemment et que ce fut, en quelque sorte, sa dernière pensée.

Le meilleur, le plus glorieux moyen pour ses fils d'honorer sa mémoire est de travailler à la réalisation de ce vœu manifesté à l'heure de la mort. Aurions-nous le triste spectacle de jeunes princes se disputant un lambeau de couronne pendant que la France agonise ? Nous ne le croyons pas et nous leur supposons trop de patriotisme, trop de noblesse dans le cœur pour ne pas espérer qu'ils tendront une main déjà glorieuse au chef actuel des Bourbons, à leur Roi, le seul qui, par la force de son droit et par ses qualités privées, puisse rendre une paix durable à notre patrie.

Leur abnégation sera de la gloire et un titre de plus aux grandes destinées auquel Dieu les appelle peut-être !

De concert avec M. de Villemessant, M. Dentu, en publiant ce livre, n'a nullement entendu faire œuvre de spéculation. — La modicité de son prix en est la preuve.

Dans un but de propagande, s'il y est encouragé, comme il l'espère, M. Dentu en fera tirer une édition sur un papier moins beau, ce qui lui permettra de donner le volume au prix de revient.

Typographie Bureau, 14, rue Gaillon.

www.ingramcontent.com/pod-product-compliance
Lightning Source LLC
Chambersburg PA
CBHW052128090426

42741CB00009B/1990